Otto Henne am Rhyn

Anti-Zarathustra

Gedanken über Friedrich Nietzsches Hauptwerke

Otto Henne am Rhyn

Anti-Zarathustra
Gedanken über Friedrich Nietzsches Hauptwerke

ISBN/EAN: 9783743652712

Hergestellt in Europa, USA, Kanada, Australien, Japan

Cover: Foto ©Thomas Meinert / pixelio.de

Weitere Bücher finden Sie auf **www.hansebooks.com**

ANTI-ZARATHUSTRA.

GEDANKEN

ÜBER

FRIEDRICH NIETZSCHES

HAUPTWERKE.

VON

DR· OTTO HENNE AM RHYN.

»Ich sah in München Nietzsches Bild von einer Meisters Hand gemalt. Der unglückliche Mann mit seinem unzweifelhaft einst gross angelegten Geiste war unter einer grünen Laube sitzend dargestellt. Seine Augen schienen vom Wahnsinn umflort. Das Wort eines Jüngers desselben kam mir in den Sinn: die Welt sei für Nietzsches Lehre noch nicht reif! und es lag nahe, den Schluss zu ziehen: In der Stunde, wo sie dazu reif würde, wäre sie auch dem Wahnsinn verfallen.«

Dr. Rich. Friedrich, Nietzsche-Kultus, S. 23.

ALTENBURG, S.-A.
ALFRED TITTEL'S VERLAG.
1899.

VORWORT.

Lange Zeit, wohl ein halbes Jahr, habe ich in pein-
licher Ungewifsheit zugebracht, ob ich diese Schrift der
Öffentlichkeit übergeben solle oder nicht. Mehreremal
schwankte ich in der Zeit zwischen der Bearbeitung ihrer
beiden Teile, ob ich das bereits Geschriebene vernichten
solle. Nicht der Zweifel an der Richtigkeit meiner Ansichten verursachte dieses Schwanken, sondern teils das
Vorhandensein mehrerer Schriften gleicher Tendenz, teils
das Widerstreben, gegen einen Kranken und Unglücklichen,
der nichts davon empfindet, aufzutreten. Ich mufste mir
aber sagen, einerseits, dafs die Anhänger Nietzsches mit
einer Keckheit auftreten, die einem die Feder in die Hand
zwingt, und dafs sie noch lange nicht vollständig widerlegt
sind, und andererseits, dafs die Hauptwerke Nietzsches in
einem Stile abgefafst sind, der durchaus keine Schonung
anderer kennt. Kann auch der arme Kranke, selbst wenn
er wollte, sich nicht wehren, so ist doch meine Schrift nicht
gegen seine Person, sondern gegen seine hauptsächlichsten
Ansichten gerichtet.

Der Professor a. D. Nietzsche und der Verfasser des
»Zarathustra«, des »Jenseits von Gut und Böse« u. s. w.
sind in dieser Schrift vollständig auseinandergehalten; denn,
wie darin wiederholt gezeigt werden soll, unterscheiden sie
sich so scharf, wie zwei ganz verschiedene Personen. Man
ist versucht, an ein rätselhaftes Doppelwesen (Doppel-Ich)
zu denken. Das bitte ich im Gedächtnis zu behalten und

nicht fälschlich zu behaupten, ich hätte einen
Kranken angegriffen! — Nein! Ich bekämpfe nicht den
Mann, sondern den Schriftsteller, seine im Leben nicht
von ihm betätigte, aber in seinen Büchern von ihm
verkündete und verfochtene atheistische und immoralistische
Lehre und seine blinden Anhänger. Ich nenne ihn zwar,
meine aber damit nur seine Werke und die Herren Kaatz,
Steiner, Zerbst, Tille u. s. w., die wirklich keine besonderen
Rücksichten verdienen*) und in einem Grade von An-
maſsung und Leidenschaft aufgetreten sind, der zur Anwendung des bekannten Sprichwortes vom Klotz und Keil
verführt, dem ich aber nur in geringem Maſse gefolgt bin.
Ich bin mir bewuſst, nicht schärfer, zum Teil sogar weniger
scharf aufgetreten zu sein, als die Herren Nordau, Stein,
Ritschl, Achelis, Duboc, Türck, Friedrich u. a., mit denen
ich im ganzen und groſsen übereinstimme (nur teilweise
mit Riehl, Gallwitz, Schellwien, Weigand und Tönnies),
deren Schriften ich aber nicht erschöpfend genug finde.
Namentlich glaube ich in Verteidigung der Frauen gegen
Nietzsche allein zu stehen. Daſs ich nur die Werke
Nietzsches vom »Zarathustra« an, d. h. diesen und die ihm
folgenden drei ethischen Schriften berücksichtigte, hat seinen
Grund darin, daſs ich gegen die vorhergehenden, älteren
Schriften Nietzsches nichts Wesentliches einzuwenden habe,
teilweise sogar damit einig gehe, und die drei späteren
(zwei gegen Richard Wagner, sowie den »Antichrist«)
nicht zu berücksichtigen habe, weil ich kein Musikkenner
bin und den »Antichrist« bereits der geistigen Gesundheit
völlig entfremdet, daher unzurechnungsfähig finde. Mit

---

*) Die für Nietzsche schreibenden Damen nehme ich wie
billig aus.

anderen Worten: Ich bespreche nur Nietzsches dritte, von
Ritschl als »instinktivistische« bezeichnete Periode und kann
die zwei vorhergehenden nicht als vorbereitende, sondern
nur als von ihm überwundene Standpunkte betrachten. Aber
auch die genannten, hier behandelten vier Werke sind nur
teilweise besprochen, weil große Teile, namentlich der drei
ethischen Schriften, mir keinen Anlaß dazu boten. Insbesondere habe ich alles, was Nietzsches Angriffe auf P e r s o n e n
betrifft, unberücksichtigt gelassen, da es sich dabei nicht um
Grundsätze, sondern lediglich um Stimmungen handelt.

Um diese letzteren handelt es sich zwar in Nietzsches
Werken überhaupt sehr stark; sie sind sogar wesentlich
subjektive Stimmungsprodukte. Soweit sie aber von Grundsätzen handeln, sind sie um so gefährlicher; denn empfind-
samen und phantasiereichen Gemütern teilen sich Stimmungen
gar leicht mit und haften auf die Dauer in ihnen. Dies ist
aber namentlich der Fall, wenn dazu eine Sprache beiträgt,
die, wie diejenige Nietzsches, bei Mangel an Nüchternheit
und ruhiger Überlegung des Lesers, durch ihre Eigenart,
namentlich ihre kunstvollen Wortspiele, ihre Aneinander-
reihung von Bildern, und nicht zum wenigsten durch ihre
mystische Dunkelheit und traumhafte Nebelwelt besticht
und blendet. Das meiste tragen dazu wohl die eingefloch-
tenen lyrischen Stellen bei, die noch das für sich haben,
daß sie vom System des Verfassers absehen und sich bloß
an das Gemüt wenden. Ein philosophisch durchdachtes
System enthalten ja allerdings Nietzsches Werke nicht; aber
ein Grundgedanke durchzieht namentlich die hier besprochenen vier Werke: die Verherrlichung der Hervor-
ragenden und die Verachtung der Menge, und das schmei-
chelt natürlich allen denen, die sich selbst, wenn auch ohne
Grund, für hervorragend halten.

Da ich nun der entgegengesetzten Ansicht bin, nämlich derjenigen, daſs die auf das Hervorragen, auf die
›Vornehmheit‹ Anspruch Erhebenden genau zu prüfen sind,
ob sie dazu ein Recht haben, daſs die Menge nicht zu verachten, sondern heranzuziehen ist, und daſs gerade die,
welche dies verstehen, auf die Vornehmheit das meiste
Recht besitzen, so habe ich mich verpflichtet gefühlt, für
diesen Standpunkt ein- und gegen denjenigen Nietzsches
aufzutreten. Wäre dieser Standpunkt vereinzelt geblieben,
und hätte er nicht ›Schule gemacht‹, so hätte ich mein
kleines Buch ungeschrieben gelassen.

Ich muſs es durchaus ablehnen, anzuerkennen, daſs
Nietzsche, auch wenn er es beabsichtigte, nur für Aus-
erwählte geschrieben habe. Denn erstens sind seine Werke
Allen zugänglich und können daher auf Alle Einfluſs aus-
üben, und zweitens bemüht er sich, Seiten und Bogen hindurch Ansichten zu bekämpfen, die ohnehin kein Aus-
erwählter, ja nicht einmal ein gewöhnlicher Gebildeter
mehr teilt.

Es war mein Bestreben, die sehr zerstreuten Äuſserungen Nietzsches über einzelne Punkte des Kulturlebens
zu sammeln und im Zusammenhange zu besprechen, zugleich
aber den Zusammenhang des Ganzen, soweit ein solcher
vorhanden ist, besser zu wahren als seine Anhänger, die
gewöhnlich alles, was für ihn einnehmen kann, durcheinander werfen und das Gegenteilige einfach weglassen. —

Ferner bin ich stets von der Überzeugung ausgegangen,
daſs keine Erscheinung der Gegenwart, wie Nietzsche stets
annimmt, ein Abschluſs und ein Resultat, und zwar ein
schlechtes sei, das man beseitigen und durch etwas
›Besseres‹ (?) ersetzen müsse. Ich betrachte vielmehr alles,

was vorkommt und vorgeht, als einen Übergang, als die
Wirkung einer Ursache und als die Ursache einer kommen-
den Wirkung. Ich muſs daher das, was in der heutigen,
von Nietzsche schlechtweg verworfenen Moral mangelhaft
oder tadelnswert ist, als ein Überbleibsel älterer, geringerer
Kultur, und das, was gut, wohltuend und gemeinnützig ist,
als Vorzeichen künftiger höherer Entwickelung betrachten.
Das ist gerade der Hauptpunkt meiner Abweichung von
ihm, daſs ich in allem eine Entwickelung erblicke, während
er nur Sprünge und Umwälzungen kennt.

Die f ü r Nietzsche schreibenden Schriftsteller und
Schriftstellerinnen legen zum Teil groſses Gewicht auf
den Umstand, daſs Nietzsche im wirklichen Leben be-
scheiden, höflich, tolerant und menschenfreundlich aufgetreten sei. Das ist vollkommen richtig. Aber
was folgt daraus für seine Schriften? Entweder schrieb er
anders als er sprach und handelte, oder seine Werke sind
anders zu verstehen, d. h. nicht wörtlich, sondern in einem
Sinne, der erst künstlich hineingelegt werden müſste.
»Ja, er meint das und das so und so,« heiſst es dann
immer mit erregten Worten. Man komme uns nur nicht
damit! Wir fragen ganz einfach: w e r ist berufen,
Nietzsche zu interpretieren? Ein solcher müſste doch von
ihm selbst ¸in seine Absichten tief eingeweiht worden sein.
Es ist nicht nachgewiesen oder nachzuweisen, daſs diese
Ehre jemandem widerfuhr. Aber w o z u ums Himmels-
willen hätte ſer denn anders geschrieben, als er schreiben
wollte? Abgesehen davon, daſs dies ganz unwahrschein-
lich ist, liegt klar genug vor, was er wollte, und im
Grunde leugnen seine Verehrer auch gar nicht, daſs eine
rücksichtlose Herrenkaste sein Ideal und die Sklaverei des
Volkes seine Tendenz war. Also warum seine extra-

vaganten Äufserungen, die zu diesem Streben vollkommen
passen, überkleistern und abschwächen? Wir erklären uns
die Sache dahin: er war längst innerlich krank, besonders
seit dem Beginne des »Zarathustra«, und infolgedessen mit
sich und der Welt zerfallen. Wenn er in der Einsamkeit
schrieb, übermannte ihn der Ekel an der ganzen Welt, und
er liefs ihm die Zügel ohne alles Mafs schiefsen. Befand
er sich aber unter liebenswürdigen und unterhaltenden
Menschen, so vergafs er seinen einsamen Welthafs und
fügte sich gern in die heitere Wirklichkeit; war er aber
wieder allein mit seinen quälenden Gedanken, so träumte
er sich in ein Leben hinein, das mit dem wirklichen Leben
in keinem Zusammenhange steht und ihn in die Möglichkeit hineintäuschte, ein Reformator der Welt zu werden!

Die Übertragung dieser persönlichen Ansichten und
Stimmungen auf eine gröfsere Anzahl von Menschen ist
aber gerade das Verderbliche! Ich verwerfe die Schöpfung
von Utopien nicht, habe sogar selbst eine solche geschrieben*). Aber sie müssen sich als solche geben. Aus
Nietzsches Werken ergiebt sich eine Utopie nicht von selbst,
sie läfst sich aber herausfinden, und zwar als eine solche,
die nur mit den empörendsten Gewalttätigkeiten ausführbar wäre. Sie ist nicht nur nicht geeignet, ein menschen-
würdiges Gefühl zu nähren und zu pflegen, sondern vielmehr jedes solche Gefühl zu untergraben. Denn es wird
unter denjenigen Lesern, die sich von Nietzsches Stil blenden
und bestechen lassen, natürlich nur solche geben, die sich
zur künftigen Herrenrasse, und keine, die sich zur Sklaven-
rasse rechnen. Unter diesen Herren aber können Nietzsches

---

*) A r i a , das Reich des ewigen Friedens im 20. Jahr-
hundert. Pforzheim 1895.

Zukunftsträume nur einen maßlosen Eigendünkel, eine Verachtung von staatlicher Ordnung, Recht, Religion und Wissenschaft, und was praktisch noch das schlimmste ist, eine Mißachtung [und Geringschätzung sowohl des Volkes als des weiblichen Geschlechtes pflanzen! Daß es aber vollends Damen giebt, die trotz der Peitsche und der Haremssperre, die ihnen Nietzsche in Aussicht stellt, trotz den Schlechtigkeiten, die er ihrem Geschlechte vorwirft, für diesen gefährlichen Träumer schwärmen, das ist und bleibt mir ein psychologisches Rätsel!

Aus wohlmeinender Sympathie für diese Verirrten habe ich mich entschlossen, jener Utopie des Zarathustrischen Wolkenkuckucksheim auf den Leib zu rücken.

Denn die Begriffsverwirrung ist durch Nietzsche auf einen fabelhaften Grad gestiegen. Müssen wir ja erleben, daß in dem Nietzsche-Organ par excellence, im »Magazin für Litteratur« (1898 Nr. 43) unser Dichter-Philosoph geradezu als Förderer derjenigen Ideale gefeiert wird, wegen deren Herabwürdigung ich ihn leider angreifen mußte, nämlich der Freiheit und der Frauenwürde! Gerade weil ich, wie Herr Rudolf Steiner, die Freiheit hoch halte, muß ich Nietzsches Herren- und Sklaventum bekämpfen. Gerade weil ich, wie Frau Helene Stöcker, die Frauenrechte verfechte*), muß ich Nietzsches Frauenverachtung verabscheuen. Aus beiden Gründen muß ·ich die Idee des Übermenschen, die nach Nietzsches Auffassung ohne Sklavenpeitsche undenkbar ist, verwerfen. Was seine Anbeter (die den Bibelorthodoxen im Buchstabendienste völlig gleichstehen) aus ihm herauslesen, ist eben leider

---

*) Mit einziger Ausnahme der politischen, weil für diese den Frauen die Gegenleistung (der Militärdienst) fehlt. Kein Recht ohne entsprechende Pflicht!

nicht Nietzsches, sondern der ›Herren (und Damen) eigener Geist!‹

Es ist erfreulich, dafs die hoffnungsvolle Jugend anfängt, das Zarathustra-Blendwerk zu durchschauen. Ich führe aus mehreren Beispielen nur an, was der treffliche Julius Hart (Der neue Gott, S. 80) sagt:

›Jenseits von Gut und Böse versprach Nietzsche uns zu führen. Liest man den Titel und liest man das Buch, so hat man den feinen Täuscher und Betrüger nackt vor sich, den grofsen Romanisten, den Mann des blendenden Scheins, der schönen Form ohne Inhalt. Den genialen Büchertitelerfinder, den Schlagwort- und Etikettendichter.‹

Geht auch Julius Hart von einem anderen Gesichtspunkt aus (dem germanischen im Gegensatz zu Nietzsches romanischem), als ich (vom kulturhistorischen und philanthropischen), so ist sein Resultat dasselbe wie das meine, die Entlarvung eines ›Dilettanten‹, der ›Operntexte‹ für tiefe Weisheit ausgiebt und dem es gelang, seine kolossalen Vorurteile bei einer verblendeten Gemeinde geradezu als das Gegenteil, als Vernichtung von Vorurteilen erscheinen zu lassen.

Möchte dieses Beispiel weiter wirken und auch mein Scherflein sich in gröfseren Kreisen Geltung erwerben!

St. Gallen, Frühlingsanfang 1899.

Der Verfasser.

Da ich nicht sicher bin, ob alle Leser dieser Schrift mit der Person und den Schriften Nietzsches bekannt sind, so lasse ich hier eine kurze Übersicht seines Lebens und Wirkens aus meiner ›Kulturgeschichte der jüngsten Zeit‹ folgen.

Friedrich Wilhelm Nietzsche, 1844 zu Röcken bei Lützen als Pastorssohn geboren, wurde 1868 Professor der klassischen Philologie in Basel, welche Stelle er wegen eines hartnäckigen Kopfleidens schon 1879 niederlegen mußte, führte dann ein unstetes Wanderleben, meist in Italien und der Schweiz, und wurde 1889 in einer Irrenanstalt untergebracht, die er dann, ungefährlich, aber auch unheilbar, mit dem Aufenthalte bei seiner Mutter in Naumburg und jüngst bei seiner Schwester in Weimar vertauschte. In seinen Werken, die sich ausschließlich auf den Menschen und dessen Kulturleben beziehen, ging er ursprünglich von Schopenhauer aus. So viele Wandlungen er auch durchgemacht hat, in einem Punkte blieb 'er stets konsequent, in dem von Schopenhauer übernommenen, anfangs noch nicht sehr hervortretenden Atheismus.

Es sind in Nietzsches schriftstellerischer Laufbahn drei Perioden zu unterscheiden. In der ersten stand er unter dem doppelten Einflusse Schopenhauers und Rich. Wagners. In diese fallen von seinen Schriften: ›Die Geburt der Tragödie aus dem Geiste der Musik‹ (1872) und ›Unzeitgemäfse Betrachtungen« (1873—1876), worin sich noch keinerlei eigentümliche Richtung, nur eine gewissermafsen dithyrambische Excentrizität kundgiebt. Dann wandte er sich von seinen beiden Mentoren ab, von Schopenhauer, weil er an seiner Metaphysik irre wurde, von Wagner, weil dessen Hinneigung zum Christentum im Parsifal ihn abstiefs. In seiner zweiten Periode erschienen die aphoristischen Schriften: »Menschliches, Allzumenschliches« (1878), »Der Wanderer und sein Schatten« (1880), »Die Morgenröte« (1881) und die »Fröhliche Wissenschaft« (1882). In dieser (nach O. Ritschl) »intellektualistischen« Periode tritt sein Antichristentum schärfer hervor; es beginnt die Skepsis an der Wahrheit, aber noch nicht die Verleugnung der Moral. Für die Beurteilung seiner Eigenart und die Erklärung des Anhangs, den er fand, ist nur die dritte (nach Ritschl) »instinktivistische« Periode mafsgebend, in welcher er schrieb: »Also sprach Zarathustra« (1883—1885), eine dunkle Prosadichtung in nachgeahmtem Bibelstil, »Jenseits von Gut und Böse« (1886), das eigentliche »Lehrbuch« seiner letzten und gefährlichsten Phase, dann dessen Ergänzung: »Zur Genealogie der Moral« (1887), »Der Fall Wagner« (1888), die »Götzendämmerung« (in demselben Jahre) und den »Antichrist«, der nur drei Monate vor seiner Erkrankung entstand und erst in seinen gesammelten Werken 1895 erschien, — das leidenschaftlichste, unversöhnlichste Buch, das jemals gegen das Christentum erschienen ist.

———

LITTERATUR.

Achelis, Dr. Thomas, Friedrich Nietzsche. Hamburg 1895.
— Friedrich Nietzsche. Illustr. deutsche Monatshefte. Bd. 76,
S. 99 ff. Braunschweig 1894.
Andreas-Salome, Lou, Friedrich Nietzsche in seinen Werken.
Wien 1894.
Berg, Leo, Der Übermensch in der modernen Litteratur.
München und Leipzig 1897.
Duboc, Dr. Julius, Jenseits vom Wirklichen. S. 110 ff.
(Friedrich Nietzsches Übermenschlichkeit.) Dresden 1896.
— Anti-Nietzsche. Dresden 1897.
Falckenberg, Dr. Richard, Geschichte der neueren Philo-
sophie. 3. Aufl., S. 451 ff. Leipzig 1898.
Friedrich, Richard, Nietzsche-Kultus. Leipzig 1898.
Gallwitz, Hans, Friedrich Nietzsche, ein Lebensbild. Dresden
und Leipzig 1898.
— (Recensionen verschiedener Schriften über Nietzsche, Preufs.
Jahrb. 1898.)
Grot, Nikolaus, Nietzsche und Tolstoi. Aus dem Russischen
von Dr. Alexis Markow. Berlin 1898.
Hart, Julius, Der neue Gott. S. 78 ff., 104 ff., 242 ff. Leipzig
1899.
Kaatz, Dr. Hugo, Die Weltanschauung Friedrich Nietzsches.
2 Teile. Dresden und Leipzig 1892 und 1893.
Moeller-Bruck, Arthur, Die moderne Litteratur in Gruppen-
und Einzeldarstellungen. Band I. Tschandala Nietzsche. Berlin
und Leipzig 1899.
Nietzsche, Friedrich, Also sprach Zarathustra. 9. Aufl.
Leipzig 1897.
— Jenseits von Gut und Böse. 6. Aufl. Leipzig 1896.
— Zur Genealogie der Moral. 3. Aufl. Leipzig 1894.
— Götzendämmerung. 5. Aufl. Leipzig 1896.
Nordau, Max, Entartung. 2. Bd., 2. Aufl., S. 303 ff. Berlin
1893.

Riehl, Alois, Friedrich Nietzsche der Künstler und der Denker. Stuttgart 1897.

Ritschl, Otto, Nietzsches Welt- und Lebensanschauung. Freiburg und Leipzig 1897.

Salis-Marschlins, Dr. Meta von, Philosoph und Edelmensch. Ein Beitrag zur Charakteristik Friedrich Nietzsches. Leipzig 1897.

Schellwien, Robert, Max Stirner und Friedrich Nietzsche, Erscheinungen des modernen Geistes. Leipzig 1892.

— Nietzsche und seine Weltanschauung. Leipzig 1897.

Sehuster, L., Nietzsches Moralphilosophie. Rheinbach 1897.

Siebert, Dr. Otto, Geschichte der neueren deutschen Philosophie. S. 243 ff. Göttingen 1898.

Stein, Dr. Ludwig, Friedrich Nietzsches Weltanschauung und ihre Gefahren. Berlin 1893.

Steiner, Dr. Rudolf, Friedrich Nietzsche, ein Kämpfer gegen seine Zeit. Weimar 1895.

Tille, Dr. Alexander, Von Darwin bis Nietzsche. Ein Buch Entwicklungsethik. Leipzig 1895.

Tönnies, Ferdinand, Der Nietzsche-Kultus. Eine Kritik. Leipzig 1897.

Türck, Dr. Hermann, Friedrich Nietzsche und seine philosophischen Irrwege. Jena und Leipzig 1894.

— Der geniale Mensch. X. Vorlesung. S. 252 ff. Jena und Leipzig 1897.

Weigand, Wilh., Friedrich Nietzsche. Ein psychologischer Versuch. München 1893.

Zerbst, Dr. Max, Nein und Ja! Antwort auf Türcks Broschüre etc. Leipzig 1892.

Ziegler, Dr. Theobald, Die geistigen und socialen Strömungen des 19. Jahrhunderts. S. 586 ff. Berlin 1899.

Vom Verfasser dieses Buches:

Kulturgeschichte der jüngsten Zeit. S. 452 ff. Leipzig 1897.

Der Übermensch vor und nach Nietzsche. »Das Volk«. S. 425 ff. u. 489 ff. Wien 1898.

Die Ausführbarkeit der Ideen Friedrich Nietzsches. »Das neue Jahrhundert«. S. 652 ff. Berlin, Februar 1899.

INHALT.

I.

›ALSO SPRACH ZARATHUSTRA.‹

*Helle, zündende Gedankenblitze wechseln (bei Nietzsche)
ab mit völlig unverständlichen, angeblich tiefsinnigen, in
der Tat blödsinnigen Aussprüchen und dann wieder mit
echten Gefühlsäufserungen, die ihrerseits nur wieder unter
geschmacklosen und plumpen Ausfällen auf alle religiösen
und sittlichen Ideale leiden; dazwischen endlich mischen
sich die Töne des nahenden Wahnsinns, der Haupt und
Sinn des unglücklichen Zweiflers ja schliefslich umnachtete.*
Dr. Th. Achelis (Fr. N., S. 31).

*In der Weltanschauung Nietzsches sehen wir, um es
in einen kurzen Ausdruck zu fassen, die vollendete Anarchie
des Denkens, den völligen Bankerott des philosophischen
Bewufstseins, insbesondere die Zucht- und Schamlosigkeit
des durch keine sittlichen Verpflichtungen mehr gebundenen
Gefühls.* Derselbe (S. 34).

— — ·· —

EINLEITUNG.

Warum heißt der Held des Werkes »Zarathustra«?
Weil beide Personen dieses Namens, der altpersische und
der Nietzschesche, sich mit den Ideen des Guten und des
Bösen beschäftigen. Weiter gehen sie einander nichts an.
Der altpersische Zarathustra (griechisch Zoroaster) lebte
spätestens im 6. Jahrhundert vor Chr.; über seine Person und
Heimat ist nichts Näheres bekannt; ebensowenig ist man
darüber unterrichtet, was in dem einzigen aus seiner Zeit
stammenden Gesetzbuche, Vendidad, von ihm selbst her-
rührt. Er [ist [eine halb mythische Person, die auf der
Grenzscheide zwischen der natürlichen und der geistigen
Religion steht. Den Hauptteil in seinem Gesetze nehmen
Ritualvorschriften ein, die für uns höchst absurd klingen und
ihrem Inhalte gemäß für ein Volk von Viehzüchtern geschaffen zu sein scheinen *). Es ist ein durchaus auf
praktisch-volkstümlichem Boden stehendes Gesetz, dem jede
mystische Grübelei fern liegt; Nietzsches Zarathustra dagegen schwebt in einem zeit- und raumlosen Utopien, in

---

*) Bezüglich des Näheren verweisen wir auf Justis Ge-
schichte des alten Persiens. Berlin 1879.

1*

einer Landschaft ohne Grund und Boden, unter Leuten
ohne Volkscharakter; er setzt die gesamte bisherige Kultur-
entwicklung der Menschheit — allerdings ohne sie zu er-
schöpfen und ohne irgend eine ihrer Erscheinungen offen
mit Namen zu nennen — voraus; ja aus dem einen
Umstande, daſs er (im 4. Teile) u. a. mit ›dem letzten
Papste‹ zusammentrifft, ist zu schlieſsen, daſs sich ihn sein
Dichter in einer fernen Zukunft gedacht hat.

Und sein Charakter? Dieser gefällt sich in den wider-
sprechendsten Stimmungen. Er schwankt beständig zwischen
Weltlust und Weltflucht, Optimismus und Pessimismus, Rea-
lismus und Idealismus. Seine Hauptleidenschaft ist die durch
den Titel angedeutete Redesucht. Nur wer von dem
Werke und von Nietzsches blendenden, bunten Seifenblasen
hypnotisiert ist, kann zweifeln oder leugnen, daſs dieser
Zarathustra der langweiligste, zudringlichste und unerträg-
lichste Schwätzer ist, der sich denken läſst, und daſs er an
partieller, vom 1. bis 4. Buche sich steigernder und zuletzt
in Tollheit ausbrechender Geistesstörung leidet.

Die ganze Anordnung von Nietzsches Zarathustra, seine
Einteilung in Bücher, Kapitel und Verse, sowie der Stil
und die Redeweise, die Umgebung des Propheten mit Jüngern,
sein Sprechen zum Volke — alles das ist dem Neuen
Testamente nachgeahmt. Wir sind alles eher als ortho-
dox, müssen aber sagen, daſs ›Also sprach Zarathustra‹
sich dem N. T. nicht von ferne vergleichen läſst. Der
überwältigend reichen Handlung des letzteren steht hier
eine ungemein ärmliche und dürftige, dem erhabenen Pathos
des N. T. ein bald bombastisches, bald triviales Gerede
gegenüber. Dabei trägt das N. T. ungeachtet seiner Er-
habenheit doch den Charakter rührendster Bescheidenheit
an der Stirne, während Zarathustra mit seinem am Ende

eines jeden Kapitels sich eintönig wiederholenden »Also
sprach Zarathustra« höchst anmaſsend und anspruchsvoll
auftritt und in hohem Grade ermüdend wirkt.

Mit kurzen Worten: »Also sprach Zarathustra« ist eine
Parodie des Evangeliums! —

Und zwar eine recht geschmacklose Parodie!

Quod est demonstrandum!

Alle Vergleichungen mit den Evangelien sprechen zu
Ungunsten Zarathustras.

Im Neuen Testament ist jede Stelle einer bestimmten
Zeit und einem bestimmten Orte angepaſst. Abgesehen von
einzelnen Widersprüchen zwischen den Evangelisten, die
aber die zeitliche und örtliche Färbung nicht berühren,
sehen wir uns auf einem historischen Boden, keineswegs in
einem Nebellande, wie es den Schauplatz von Nietzsches
Zarathustra bildet. Dieses Werk leidet an durchgehen-
dem Anachronismus. Ein nach Art der ersten ägyptischen
Mönche in einer Höhle lebender, mit ähnlichen Höhlen-
heiligen verkehrender und nur hie und da bewohnte Orte
besuchender Einsiedler hat, abweichend von seinen Berufs-
genossen, durchaus moderne und modernste Ansichten; d. h.
er ist der nicht in Höhlen, sondern in Hotels und Pensionen
wohnende Nietzsche und predigt einen glühenden Haſs gegen
das Christentum, dem doch die Urbilder jener Eremiten
angehörten. Und fühlte Nietzsche denn nicht, daſs ein
solcher moderner Einsiedler in unserer Zeit oder gar in der
Zukunft schlechterdings auf keinen Erfolg rechnen könnte,
namentlich mit so unklaren Predigten, wie sie Zarathustra
hält? Allerdings fühlte er es und predigte doch in dieser
Weise! Zu welchem Zwecke denn eigentlich?

Die Evangelien zeichnen sich durch groſsartige Ge-
staltungskraft und treffende Charakterschilderung der auf-

tretenden Personen aus. Alles ist Leben, alles Farbe, alles
menschlich. Sogar die Gleichnisse, die Jesus erzählt, sind
innerlich so wahr, daſs, obschon sie nicht tatsächlich gemeint sind, ohne Zweifel viele, vielleicht die meisten Gläu-
bigen sie für wirklich vorgefallene Begebenheiten halten.
Wenn wir nicht irren, sind sogar Reliquien, die aus diesen
Erzählungen stammen sollen, vorgezeigt worden.

›Zarathustra‹ aber ist in seinen Gestalten durchaus
ohne Charakterzeichnung. Diese Gestalten sind ohne Fleisch
und Blut, ohne Leib und Leben, ohne Seele und Charakter,
es sind Phantome oder Gespenster oder Schatten, jedenfalls
keine Menschen und noch weniger Menschen eines Landes
oder einer Zeit. Und doch soll ihnen ohne diese Grundlage
ein höheres Menschentum gelehrt werden?

Mit Ausnahme mehrerer theologischer Dunkelheiten,
die aber auf den Gang der Erzählung keinen Einfluſs haben,
sind die Evangelien klar und verständlich; sogar die Wunder,
an die wir nicht glauben, sind für jene, die daran glauben
können, über jeden Zweifel klargestellt. In Nietzsches
›Zarathustra‹ dagegen ist alles unklar, verworren, mystisch.
Seine Bewunderer sagen, er werde miſsverstanden; dies
und jenes müsse so oder so ausgelegt werden; was allgemein gesagt sei, dürfe nur mit Bezug auf diese und
jene Beschränkung aufgefaſst werden. Ja, auf diese Weise
könnte jeder Unsinn als Sinn, sogar jede Behauptung als
ihr Gegenteil ausgegeben werden. Überhaupt ist ein Buch,
das miſsverstanden werden kann oder ausgelegt werden
muſs, ein Unding und bleibt besser ungedruckt. Die groſse
Verwüstung in den Gemütern, die Nietzsche bewirkt hat,
beweist dies zur Genüge.

Endlich bedienen sich die Evangelien durchaus einer
würdigen und erhabenen Sprache, während Nietzsches

»Zarathustra« von Trivialitäten, Blasphemien, Roheiten und
Zweideutigkeiten, sowie von Unwahrheiten, falschen Behauptungen, Entstellungen geschichtlicher Thatsachen und
unsinnigen Reden wimmelt, was wir im folgenden näher
nachweisen werden. Es fehlt dem »Zarathustra« nicht an
schönen Stellen, auf die wir an passendem Orte hinzuweisen
nicht ermangeln; im ganzen aber leidet das Werk an einem
ungesunden Pathos, das vielfach zu den unbedeutenden An-
lässen, auf die es angewandt wird, schlecht genug paßt.
Vermissen muß jeder Denkende die Richtung der Zorn-
reden des »Weisen« gegen die ärgsten Übelstände der Zeit
und bedauern ihre Richtung gegen alltägliche Schwächen.
Alles, was im »Zarathustra« sich auf Tiere bezieht, kommt
uns in hohem Grade geschmacklos und verfehlt vor: der
»Adler« und die »Schlange« (die gar kein »Tier«, sondern
eine zoologische Ordnung und deren »Klugheit« wieder nur
aus dem Neuen Testament entnommen ist), die mit ihm
sprechen, das »Kameel«, das zum »Löwen« und dieser, der
zum »Kinde« wird u. s. w., alles sind erzwungene Symbole!
Was aber von wahrhaft edeler Gesinnung zeugt, ist entweder unverständlich oder selbstverständlich. Das Rohe
und Falsche ist leider allzu verständlich und zudem gerade
das, worin der Verfasser eigenartig erscheint, und was den
meisten Einfluß ausgeübt hat!

VON GOTT.

*»Dein feiger Teufel .... redet dir zu:
es giebt einen Gott!«*

(Zar. S. 265.)

Nietzsches Zarathustra dekretiert einfach, Gott sei tot! Er wundert sich (S. 12), dafs sein alter Einsiedler-Collega (wenn diese Bezeichnung nicht ein Widerspruch ist) in seinem Walde noch nichts davon gehört habe (wie wenn es sich um eine Zeitungsnachricht handelte), dafs Gott tot ist! Durch seinen kolossalen Gröfsenwahn läfst sich also Nietzsche verleiten, seine persönliche Ansicht, d. h. seinen individuellen Atheismus, als Tatsache hinzustellen, der Welt vorzuschreiben, als über allen Zweifel erhaben auszugeben!

Was berechtigt ihn dazu? Giebt er Gründe dafür an? Stellt er Beweise auf? Keine Spur! Nietzsche befiehlt, Gott sei tot, also mufs er tot sein!

Sein Gröfsenwahn geht aber noch weiter! Nicht nur weil er es so findet, sondern weil er selbst kein Gott sein kann, darf es keinen Gott geben!

»Wenn es Götter gäbe,« sagt er (S. 124), »wie hielte ich's aus, kein Gott zu sein? Also (!!) giebt es keine Götter.«

Hierin, in diesem aller Logik Hohn sprechenden Trugschlusse, keinen Wahnsinn zu sehen, ist denn doch die Verblendung auf der höchsten Stufe.

»Zarathustra« ist allerdings eine Dichtung. Der Dichtung ist es gestattet, Dinge zu erzählen, die nicht wahr sind. Hier handelt es sich aber nicht darum. Nietzsche hatte bekanntlich die Überzeugung, daſs der Atheismus die richtige Meinung sei. Diese konnte er für sich haben. Auch durfte er sie in einem prosaischen Werke mit Gründen verfechten. Aber in einer Dichtung sie als unfehlbar und die entgegengesetzte Ansicht als erstaunlich und unbegreiflich hinstellen, alle Gründe dafür aber verschweigen, das übersteigt jede poetische Freiheit. Namentlich in dieser Form! Er befiehlt, man müsse Gott als tot betrachten, — schon diese Ausdrucksweise ist unsinnig. Denn g i e b t es einen Gott, so ist er ewig, und gäbe es keinen, so könnte er auch nicht sterben. Aber er meint ja nur den G l a u b e n an Gott! So sagen Nietzsches Bewunderer! Desto schlimmer; denn daſs dieser Glaube n i c h t t o t ist und niemals tot werden k a n n, ist eine Tatsache, die kein Nietzsche mit seiner atheistischen Inquisitionslust aus der Welt schaffen kann. Er behauptet also eine wissentliche Unwahrheit. Er konnte diesen Glauben ja wohl für sich selbst abtun; aber ihn für alle Welt als abgetan erklären und damit jeden, selbst den freidenkenden Gottesbekenner verletzen, das durfte er nicht. Denn das ist nichts anderes als a t h e i s t i s c h e r F a n a t i s m u s!

Wir stehen j e d e m konfessionellen Dogma durchaus fern. Wir glauben n i c h t s d e s h a l b, weil es Andere glauben, oder weil es die Kirche lehrt. Aber wir halten Gott nicht nur für einen religiösen Glaubensgegenstand, sondern für eine p h i l o s o p h i s c h e N o t w e n d i g k e i t und sogar für eine augenscheinliche T a t s a c h e. Das Weltall i s t, also muſs es auch gedacht sein; wir umfassen es nicht mit unseren Gedanken; also muſs dies Jemand können.

Raum und Zeit sind für uns Rätsel, und doch sind sie da.
Es muß also Einen geben, dem sie keine Rätsel sind. Der
unermeßliche Sternhimmel nicht nur, sondern auch der
Menschenleib und jede Blume und Frucht sagt dem, der
denken will, daß sie nicht Gebilde von ungefähr sein
können.

Wir wollen diese Meinung niemandem aufdrängen. Wir
diktieren nicht, es müsse an Gott geglaubt werden; jeder
soll dies mit sich selbst ausmachen. Wir halten nur fest,
daß der Glaube an Gott nicht tot ist, und daß er nicht
deshalb als tot erklärt werden darf, weil ein einfluß-
reicher Schriftsteller nicht selbst Gott sein kann! Wir
bekämpfen nur diese Blasphemie!

Wir machen ferner auf die Gefahr aufmerksam, die
damit verbunden ist, daß von einem Manne, dessen Namen
man eine solche Berühmtheit zu verschaffen gewußt hat,
wie dies bei Nietzsche der Fall ist, es der Welt gleichsam
als eine Neuigkeit verkündet wird, daß Gott tot sei. Sein
›Zarathustra‹ ist in 9. Auflage erschienen, hat also mindestens 9000 Exemplare abgesetzt. Lesen auch lange nicht
alle Käufer das ganze Buch, so doch gewiß alle den Anfang, in welchem jene ›Neuigkeit‹ enthalten ist. Man darf
also annehmen, daß, die Leser dazu gerechnet, die das
Buch in Leih- und anderen Bibliotheken kennen lernen,
weit über 10000 Menschen durch die verblendende Sprache
des Werkes für den Atheismus gewonnen werden können.
Man braucht aber kein augenverdrehender Frömmler zu
sein, um darin eine große Gefahr zu erblicken. Auch
durchaus freisinnige und kritische Denker, denen die Bibel
ein Buch wie ein anderes ist, müssen sich sagen: Wenn
über 10000 Menschen dazu angeleitet werden, den Gottesglauben aus frivolen, weil kritiklosen Gründen wegzuwerfen,

so versinken ebenso viele in den Abgrund des Materialismus, was für die meisten soviel heißt als unbedingte Hin-
gabe an die Genußsucht und Verachtung aller Ideale.
Frivol ist aber Nietzsches Grund für die Wegwerfung
des Gottesglaubens gewiß: Weil er kein Gott sein kann,
sollen viele Tausende alles verlieren, was sie über den
Kehricht des gewöhnlichen Lebens emporhebt. Denn mag
man sich Gott vorstellen, wie man will, immerhin versteht
man darunter das, was höher ist als die Welt. Nimmt man
aber nichts Höheres als die Welt an, so versinkt man in
ihr, d. h. man sinkt zur Tierheit herab. Denn was der
Menschheit Nietzsche zum Ersatz für Gott bieten will, der
sog. Übermensch, ist ein Phantom, ein Hirngespinst.
Außerdem verfällt damit der Verfasser des ›Zarathustra‹
in den alten Wahnglauben, in dem alle Religionen der Vergangenheit und alle Orthodoxien der Neuzeit stecken, in
den geocentrischen Wahn, daß die Erde der Hauptteil
und Mittelpunkt der Welt und die übrigen Billionen Weltkörper nur dazu da seien, ihr zu leuchten. Mit allen bor-
nierten Orthodoxen der Erde glaubt also Nietzsche, der
Welt sei geholfen, wenn man für diesen winzigen Planeten
sorge, — mit der Erde sei das Problem der Welt gelöst
und abgetan. Man denke doch nur einen Augenblick
nach: Was haben die Bewohner des Mars und anderer
Planeten, die Bewohner der Systeme des Sirius, des Alde-
baran, der Vega u. s. w., wenn ihnen Gott genommen wird,
von dem Phantom des irdischen Übermenschen?

Allerdings erfahren sie nichts von den Marotten der
Erdenleute, und diese schaden ihnen daher auch nicht.
Namentlich da anzunehmen ist, daß auf manchen höher
entwickelten Weltkörpern Bewohner leben, die in die Ge-
heimnisse des Seins tiefer eingedrungen sind als die höchsten

Geister der Erdenmenschheit. Aber wenn wir sagen, es
dürfe ihnen Gott nicht genommen werden, so heißt das
lediglich: was für e i n e n Weltkörper wahr oder unwahr
ist, muß dies auch für a l l e sein. Anzunehmen, daß etwas
für uns nicht besteht, für andere Sternbewohner aber wohl,
oder auch umgekehrt, wäre doch offenbarer Unsinn! Wenn
aber angenommen werden sollte, daß, dem ›Übermenschen‹
entsprechend, auch andere Weltkörper ein ›Überwesen‹
hätten, so wäre dies lediglich ein zahllos zersplitterter
Polytheismus, und alle Einheit des Alls wäre damit preisgegeben!

Freilich werden die Nietzscheaner sagen: ›Was gehen
uns andere Weltkörper an? Wir bekümmern uns nur um
die Erde. Wir sind aber die geistreichsten Erdenbewohner,
und Bewohner anderer Welten können unmöglich geistreicher sein. Wir, die Verehrer des Übermenschen, sind
unzweifelhaft die Krone des Weltalls.‹

So werden sie sagen, und sie sagen es auch mit anderen
Worten. O weh, meine Herren und Damen, Sie stecken
den Kopf in den Sand! Das ist Vogel-Strauß-Politik!

Das Ganze des Weltalls ist ohne Frage das höchste
Problem, das es giebt; denn es fordert mit gebieterischer
Notwendigkeit das Dasein eines höchsten, das Ganze lenken-
den und zusammenhaltenden Wesens. Ohne dieses Wesen
ist ein so ungeheurer Gedanke wie die Sternenwelt nicht
denkbar. Wie können sich daher Würmer, wie wir sind,
wenn auch die höchsten Geschöpfe der Erde, erkühnen, aus
Gründen, die mit der kleinen Erde durchaus abgeschlossen
sind und alles außerhalb ihr gar nichts angehen, dem uner-
meßlichen All, in dem unser Planet ein Stäubchen ist, den
gemeinsamen Herrn, Lenker, Erhalter, anfangs- und end-
losen Denker und Schöpfer abzuerkennen? Nur weil dieser

einer Anzahl aufgeblasener Erdenbürger entbehrlich scheint,
soll er es auch ungezählten Sonnensystemen sein, von deren
Beschaffenheit, Bewohnerschaft, Bedürfnissen und Verhält-
nissen diese Karikaturen von Titanen keine blasse Ahnung
haben! Und zum Organ dieser unwissenden Schreier machte
sich der geistvolle, tief dichterisch angelegte, persönlich
edle und in seinem Leben tadellose Nietzsche! War er denn,
trotz seiner hohen Bildung, nicht befähigt, zu beurteilen, ob
ein höchstes Wesen für das Weltganze ebenso überflüssig
sei wie für die Handvoll Erdensöhne, nach deren Meinung,
wie Zarathustras neueste ›Nachricht‹ behauptet, Gott tot
ist? Wir glauben es nicht, finden vielmehr in dieser Stimmung — den Anfang vom Ende!

VOM ÜBERMENSCHEN.

I.

*»Tot sind alle Götter: nun wollen wir, dafs
der Übermensch lebe!«*

(Zar. S. 115.)

»Ich lehre euch den Übermenschen«, so beginnt Nietzsches
Zarathustra seine erste Predigt vor dem Volke der Stadt, das
einen Seiltänzer zu sehen versammelt ist, und knüpft daran
eine in Aphorismen aufgelöste Abhandlung über die Darwinsche Theorie (S. 13 ff.).

Was versteht nun der seltsame Prediger, der keine Idee
davon hat, wie man zum Volke spricht, in seiner konfusen
Rede unter dem ›Übermenschen‹?

Der Übermensch ist, sagt er, ein Wesen, für das der
Mensch sein soll, was der Affe für den Menschen, nämlich
»ein Gelächter oder eine schmerzliche Scham«. Er ist ›der
Sinn der Erde‹. Er ist ›das Meer, das den schmutzigen
Strom der Menschheit aufnimmt, ohne unrein zu werden«.
Er ist ›der Blitz, der die Menschen mit seiner Zunge leckt‹,
»der Wahnsinn, mit dem die Menschen geimpft werden
müssen«.

Das soll wohl tiefsinnig sein; es ist aber unsinnig; denn
es hat keinen Sinn, es ist Wortschwall ohne Inhalt, ein
betäubendes Gerassel verworrener Gedankenräder.

Kann irgend ein Nietzscheaner behaupten, daſs damit
irgend eine Definition des Begriffs vom Übermenschen gegeben ist? Ja, behaupten werden sie es; aber sie glauben
es selbst nicht, weil sie es nicht verstehen und bloſs einer
dem andern nachplappert, es sei geistreich! So lange nachplappert, bis er sich einbildet, er verstehe es.

Wahrlich, das Volk verrät einen gesunden Menschen-
verstand, wenn es nach dieser sinnlosen Rede sagt: »Wir
hörten nun genug von dem Seiltänzer; nun laſst uns ihn
auch sehen!« Das Volk ist witziger als sein Prediger,
und Nietzsche hat sich damit nicht übel selbst verspottet!
Das Unbegreiflichste ist aber, daſs Zarathustra sich über
diese Wirkung seiner Predigt noch wundert! Wir hätten
ihn wirklich für gescheiter gehalten.

Er läſst sich aber hierdurch nicht irre machen, sondern
predigt weiter.

Er mutet nun den Menschen zu, dafür besorgt zu sein,
daſs die Erde einst des Übermenschen werde; sie seien ein
Seil, das über einen Abgrund gespannt ist und das Tier
mit dem Übermenschen verbindet. Er mutet ihnen zu,
unterzugehen, damit einst der Übermensch werde. Ja, hat
er ihnen denn gesagt, was der Übermensch sein werde?
Keine Idee! Er hat bloſs eine Anzahl unverständlicher
Phrasen hervorgesprudelt.

Zarathustra kann lange aufzählen, wen alles er liebe,
nämlich jene, die sich aufopfern, damit der Übermensch
lebe. Er beweist nur, daſs er die Menschen nicht kennt,
nicht zu behandeln weiſs, sich ihnen nicht verständlich zu
machen fähig ist. Er kann es auch nicht begreifen, daſs
sie über seine unverständlichen Reden lachen. Wer die
Menschen kennt, wird mit ihnen lachen. Und selbst wer
über dem Volke steht, muſs eine klarere Darlegung ver-

langen von dem, was der Übermensch sein soll. Niemand
will und wird sich für etwas aufopfern, das er nicht kennt,
wovon ihm auch nicht die mindeste klare Vorstellung bei-
gebracht wird und bezüglich dessen er keine Ahnung hat,
wodurch, wie, wo, wann und warum es bewirkt werden soll!
Das alles sieht Zarathustra nicht ein, vielmehr läfst er
zum drittenmal das rollende Rad seiner reisigen Rede
ohrenbetäubend rasseln, ohne im mindesten klarer zu werden,
obschon er selbst endlich merkt, dafs ihn die Leute nicht
verstehen. Nicht gemerkt hat er aber, wie man zum
Volke sprechen mufs, und das wird er auch niemals lernen.
Warum nahm Nietzsche nicht das Original seiner Parodie
zum Muster? Er wollte erhaben sein und verstand darunter:
dunkel und unfafslich. Jesus war erhaben und klar zugleich. Aber freilich, Nietzsche verachtete die Klarheit
als zu wenig übermenschlich! Sein Zarathustra will nun
den höchsten Trumpf ausspielen, indem er dem Volke ein
abschreckendes Gemälde vom »letzten Menschen« malt.
Warum? Offenbar ist der Sinn der: Wenn die Menschen
sich nicht aufopfern, um dem Übermenschen Platz zu
machen, obschon sie weder erfahren haben, was der Übermensch ist, noch auf welche Weise er erzeugt werden soll, —
so enden sie als ein verkommenes Geschlecht auf der kleiner
und kälter gewordenen Erde! Zarathustra läfst diese letzten
Menschen albern reden und dazu »blinzeln«. Warum blinzeln? Dies ist ebenso rätselhaft wie das gröfsere Rätsel,
durch welches Wunder der Übermensch bewirken soll, dafs
die Erde gleich grofs und gleich warm bleibe!
Es ist durchaus kein Wunder, dafs die Zuhörer die
Geduld verlieren und Zarathustra mit Geschrei verhöhnen.
Hat er irgend etwas gesagt, was sie ergreifen, ihnen im-
ponieren, sie fesseln, von ihnen verstanden werden konnte?

Keineswegs! Und doch ist dies für einen guten und ge-
wandten Volksredner oder Prediger auch heutzutage keine
Kunst und leicht zu bewirken. Wenn Zarathustra dies, wie
er sagt, in der Einsamkeit verlernt hat, wozu ging er dann
unter die Leute? Wuſste er dies aber nicht, — wie kann
er dann ein Weiser heiſsen?

Das Gleichnis von dem Seil, das vom Tiere zum Ubermenschen gespannt ist und den Menschen bedeutet, erhält
im folgenden Abschnitt (6 der Vorrede) eine Illustration.
Statt des Seiles stellt nun der Seiltänzer den Menschen dar,
der vom Tiere zum Übermenschen strebt. Aber ein Possen-
reiſser, womit doch wohl die bunte Kultur der Gegenwart
gemeint ist, verhindert den Seiltänzer am Weiterschreiten,
so daſs er hinabstürzt und zerschmettert wird. Zarathustra,
der durch seine dunkeln Reden (begreiflich!) keinen Menschen
eingefangen hat, sondern nur einen Leichnam, ladet diesen
auf seinen Rücken, trägt ihn, d. h. wohl seine (durch eigene
Schuld) fehlgeschlagene Hoffnung auf den Ubermenschen,
in ˈden Wald ˈund begräbt ihn ˈin einem hohlen Baum.
Dieses Gleichnis wäre vielleicht ergreifend, wenn es klarer
wäre, sich auf das wirkliche Leben bezöge und nicht zwischen
Nebel und Wolken schwebte.

Jetzt auf einmal fällt es dem weisen Zarathustra ein,
daſs er besser tue, seine Lehren auserwählten Genossen zu
verkündigen, als dem Volke, das ihn nicht versteht.

Und jetzt fängt er auch an, sich, freilich auf Umwegen
und durch Hintertüren und zu sich selbst redend, über die
Idee des Ubermenschen näher zu erklären.

Manche Bewunderer Nietzsches haben über die späteren,
nachzarathustrischen Werke ihres Abgottes gestutzt und sich
enttäuscht abgewandt.

Die Blinden! Konnten und wollten sie denn nicht

sehen, dafs schon in der Vorrede zu Zarathustra (9. Abschnitt) der Keim zu ›Jenseits von Gut und Böse‹ nieder-
gelegt ist? Haben sie geschlafen, als sie diesen 9. Abschnitt lasen?

Da heifst es: ›Siehe die Guten und Gerechten! Wen
hassen sie am meisten? Den, der zerbricht ihre Tafeln
der Werte, den Brecher, den Verbrecher: — das aber
ist der Schaffende.‹

Der ›Schaffende‹ ist aber durch den ganzen Zarathustra
hin ein Name des Übermenschen. Der Verbrecher ist
also der Übermensch!

Nicht dafs wir glaubten, der tadellos lebende und gegen
seine Mitmenschen persönlich liebenswürdige Nietzsche hielte
jeden Dieb, Einbrecher, Räuber, Betrüger, Notzüchter, Brand-
stifter, Mörder für einen Übermenschen. Aber er sagt doch
hier sehr offen — wenn wir ihn recht mild auslegen
wollen —, dafs der Verbrecher unter Umständen ein Schaffender, d. h. ein Übermensch sein könne.

Man entgegnet uns vielleicht, Nietzsche meine nicht
den Verbrecher, der nach § x oder y des Strafgesetzbuches
in Untersuchung gezogen werde, sondern lediglich den, der
über die geltenden Moralwerte eine andere, ›höhere‹ Ansicht
habe. Die hat aber der Verbrecher; denn er setzt sich
über sie hinweg. Daran läfst sich nicht deuteln. Dieses
Wort ›Verbrecher‹ ist leider die einzige klare und unzwei-
deutige Erklärung des Begriffes ›Übermensch‹, die Zarathustra giebt. Seine Bedeutung in der deutschen Sprache
ist über jeden Zweifel erhaben. Niemand nennt den einen
Verbrecher, der nur andere Ansichten über Moralwerte
hat als die grofse Menge, sondern ausschliefslich den, der
die Rechte anderer verletzt. Warum also nennt
Nietzsche den Schaffenden einen Verbrecher oder, wie er

sich weiter ausdrückt (S. 28), einen Vernichter und Verächter des Guten und Bösen? Konnte das der feinfühlige,
edel denkende Nietzsche?

Nein, d e r konnte es nicht; aber der bereits mit den
Keimen des Wahnsinns behaftete Verfasser des Zarathustra,
d e r konnte es!

————————

VOM ÜBERMENSCHEN.

[II.

> *Der einzige Weg, den Typus des Menschen*
> *zu erhöhen, ist die Hebung des Niveaus der*
> *Menschen, der Menge.*
>
> *(Alois Riehl, Fr. N.)*

Es liegt uns noch eine Kritik des Begriffes ›Übermensch‹ ob.

Wie schon gesagt, hat Nietzsche keine Definition desselben gegeben, sondern sein Zarathustra hat seine Zuhörer im Dunkeln darüber gelassen, was der Übermensch sei, welche Gestalt er annehmen, was er tun, was er wirken, worin er über dem Menschen erhaben sein werde.

Zu einer Kritik dieses rätselhaften Begriffs genügt indessen die Stelle (S. 13), worin gesagt wird, der Mensch werde für den Übermenschen sein, was der Affe für den Menschen, nämlich ein Gelächter oder eine schmerzliche Scham.

Gut, halten wir einmal Nietzsche-Zarathustra an diesem Gleichnis fest.

Nietzsches Forderung des Übermenschen beruht auf der Darwinschen Theorie, und zwar auf der von dieser abgezweigten Ansicht, daß der Mensch vom Affen abstamme.

Die Darwinsche Theorie hat im ganzen und großen viele Berechtigung; soweit sie eine Entwickelung höherer organischer Wesen aus niederen lehrt, läſst sich nichts Begründetes gegen sie einwenden, und ihr steht allein die orthodoxe Lehre von der Schöpfung jeder einzelnen Wesengattung durch Gott feindlich gegenüber.

Von diesem allgemeinen Princip ist aber noch ein weiter Schritt bis zur Nachweisung der Abstammung aller einzelnen Gattungen voneinander, ein Schritt, der vielleicht niemals gelingen wird.

Die Abstammung des Menschen vom Affen aber hat weder Darwin, noch einer seiner Anhänger behauptet, ausgenommen allein Karl Vogt. Sie kann jetzt als durchaus aufgegeben betrachtet werden.

Soweit wir unterrichtet sind, neigt sich die biologisch-zoologisch-anthropologische Wissenschaft zur Annahme der Abstammung sowohl des Affen, als des Menschen von einer Grundform, deren Entartung und Verschlechterung die Affen, deren Höherentwickelung und Verbesserung aber die Menschen darstellen.

Mag nun diese Ansicht richtig sein oder nicht, so ist doch das unleugbar, daſs eine !Höherentwickelung, die keine Tierart im entferntesten kennt, ein Vorzug des Menschen ist.

Stammt nun der Mensch nicht vom Affen ab, so fällt Nietzsches Ausspruch, daſs ›alle Wesen bisher etwas über sich hinaus schufen‹ *), und daſs die Menschen ›einst Affen waren‹ (S. 13), ins Wasser und kennzeichnet sich als verfehlt.

---

*) Dies ist ohnehin, auch nach der Darwinschen Theorie, unrichtig. Es scheinen vielmehr die heute bestehenden höheren Tierarten Spitzen einer Entwickelung zu sein, die nicht weiter schreiten kann. Wie sollte aus Löwen, Elefanten, !Adlern u. s. w. noch etwas Neues entstehen und was?

Da nun der Mensch sich vor allen übrigen Wesen-
gattungen durch die Fähigkeit höherer Entwickelung aus-
zeichnet, so liegt schon in dieser Eigenschaft die Aussicht
auf eine höchstmögliche Vervollkommnung! Es ist daher
absurd, zu meinen, daſs einer sich bereits rastlos höher ent-
wickelnden Wesengattung ebenso eine höhere folgen müsse,
wie einer niedrigen, die sich nicht entwickelt, stehen bleibt,
keine Geschichte hat, keine Veränderungen ihrer Zustände
kennt. Daſs solchen stabilen Gattungen höhere nachfolgten,
ist nur natürlich, — daſs aber einer progressiven Gattung,
wie es die Menschheit ist, ebenfalls eine höhere nachfolgen
müsse, ist widersinnig.

Die Menschheit kann sich, ohne den Charakter als
solche zu verlieren, in einem jetzt noch unglaublichen Maſse
vervollkommnen. Sie bedarf keines Übermenschen!

Glaubte etwa Nietzsche, der sogenannte Übermensch
würde die edle Gestalt des Menschen ebenso übertreffen,
wie dieser die unedle des Affen? Hat er sich wohl je eine
Vorstellung einer möglichen Verschönerung der bereits seit
alter Zeit unter den Menschen höherer Rasse vertretenen
Schönheit gemacht? Hat er sich wohl eingebildet, sein
Übermensch werde schöner sein als der Apollo von Belvedere
und die Aphrodite von Melos? Inwiefern sollte hierzu ein
Bedürfnis vorhanden sein?

Oder hat er gemeint, sein Übermensch werde so geist-
reich sein, daſs für ihn ein Perikles, Phidias und Sophokles,
ein Titus und Mark Aurel, ein Karl der Groſse, Dante,
Raphael, Shakespeare, Newton, Kant, Goethe, Schiller,
Humboldt, Mozart, Beethoven, Helmholtz und viele andere
»ein Gelächter oder eine schmerzliche Scham« sein würden?
Und das waren doch echte Menschen, keine Nietzscheschen
Übermenschen! Vielmehr wirft er die gröſsten Menschen

mit den kleinsten in einen Topf (S. 134). Sein Übermensch soll also hoch über den Besten der Geschichte erhaben sein! Dazu kann es ja noch kommen; aber dazu
genügt der wirkliche Mensch in seiner Vollendung!

Also: mit dem Wegfalle der Abstammung des Menschen
vom Affen, mit der Anerkennung einer Höherentwicklung
und rastlosen Vervollkommnung der Menschheit und mit
der kulturgeschichtlichen Tatsache, dafs in dieser die Keime
zur höchst denkbaren Stufe intelligenter Wesen der Erde
liegen, wird Nietzsches Idee des Übermenschen zu einem
haltlosen Phantom.

In Wahrheit kann Nietzsche weder erwartet haben,
dafs der Übermensch schöner, noch dafs er geistreicher sein
werde, als der Mensch bisher wiederholt gewesen ist und
noch teilweise ist. Oder hat er etwa gemeint, zur Zeit des
Übermenschen würden alle Menschen schön und geistreich
sein? Worin bestände denn Schönheit und Geist, wenn es
keine Häfslichkeit und Dummheit gäbe? Keine Eigenschaft
hat einen Sinn ohne das Vorhandensein ihres Gegenteils.

Was soll also der Übermensch? Wir werden das weiter
unten erfahren.

Da die Menschheit ins Unendliche entwickelungsfähig
ist, so kann es sich nur um eine quantitative Vermehrung
der bereits in ihr liegenden edeln Eigenschaften handeln,
und die Erzeugung eines Wesens, das über dem Menschen
(also auch über den herrlichsten Menschen, die es schon
gab) ebenso hoch stände als der Mensch über dem Affen,
ist eine leere Seifenblase, die bei der leisesten Berührung
platzt.

Da aber Nietzsches Werke seit Zarathustra lediglich
auf dieser unsinnigen Hypothese eines künftigen Übermenschen beruhen, so sind sie auch sämtlich Seifenblasen,

und wenn es einst wahre Übermenschen, d. h. höher ent-
wickelte wirkliche Menschen, giebt, so werden sie auf ein
Zeitalter, das sich durch solche Seifenblasen blenden liefs,
mitleidig lächelnd zurückblicken!

Und nun wollen uns Nietzsches Anhänger und An-
hängerinnen (die er — trotz der ›Peitsche‹ — hat) glauben
machen, dafs Nietzsche der Urheber oder Entdecker einer
Vervollkommnung des Typus ›Mensch‹ sei, — er, der die
wirklichen Menschen so tief verachtete, dafs er sie einen
Gegenstand des Gelächters oder der schmerzlichen Scham
ihrer Nachkommen nannte, — ohne irgend eine Ausnahme aufzustellen!

Solche grundlose Behauptungen müssen alles Ernstes
bekämpft und zurückgewiesen werden. Zahllos sind die
edeln Menschen der Geschichte, die auf eine bessere Zukunft hingewiesen und hingearbeitet haben. Ein solch halt-
loses Phantom, ein solch körperloser Schatten wie Nietzsches
Übermensch kann zur Vervollkommnung unseres Geschlechts
um so weniger beitragen, als Nietzsche, wie wiederholt er-
wähnt, über die von seinem ›Ideal‹ erwarteten Eigenschaften und Leistungen nichts sagt, wenigstens, wie wir
noch sehen werden, nichts, was uns irgendwie anspornen
könnte, einem solchen Gebilde wie sein Übermensch ent-
gegenzustreben. Im Gegenteil! —

Glaubte er denn wirklich, wir würden uns unfehlbar
für sein unklares Wort von dem Brecher oder ›Verbrecher‹
der bisher geltenden moralischen Werte begeistern, ohne zu
wissen, was dieser Brecher oder Verbrecher für ein Patron
sein werde? Aus allem diesem spricht wieder nichts als
der allerverwerflichste Gröfsenwahn!

Übrigens ist Nietzsche mit dem Begriffe des ›Übermenschen‹ selbst in der Irre umhergefahren, — so unklar

war ihm derselbe. Von einer Überart, die so hoch über
dem Menschen stehen sollte wie dieser über dem Affen, ist
in den späteren Teilen des »Zarathustra« nicht mehr die
Rede. Die Ansprüche sind bescheidener geworden; der
Übermensch ist nur noch ein »höherer Mensch«, und auch
dieser ist kein Ideal mehr, sondern nur noch ein Versuchs-
objekt, das nicht immer zur Befriedigung des Dichters aus-
fällt. Zuerst heißt er: der »Freund« und dann: der
»Fernste«. Zarathustra will (S. 88 ff.) die ihm verhaßte
»Nächstenliebe«, die nur unsere schlechte Liebe zu uns
selbst sei, durch die »Fernstenliebe« ersetzt wissen. »Der
Freund sei euch das Fest der Erde und ein Vorgefühl des
Übermenschen . . .« »In deinem Freunde sollst du den
Übermenschen als deine Ursache (?) lieben.« Der »Fernste«
aber ist offenbar unser Nachkomme. Denn Zarathustra verwirft auch das Vaterland und setzt an dessen Stelle (S. 177,
297 u. 311) »unser Kinderland« oder das Land »Menschen-
zukunft«. All dies ist aber so dunkel und nebelhaft, daß
es niemanden begeistern kann. Die Nächstenliebe und das
Vaterland, die wir kennen, und die uns glücklich machen,
sollen wir um solcher bodenlosen Phantome willen aufgeben!
Was sind uns denn die »Fernsten«, was ist uns das »Kinderland«? Nichts als Vorwände, um die Nietzsche-Zarathustra
unbequemen Neigungen zur Nächstenliebe und zum Vaterland zu beseitigen!

In den auf »Zarathustra« zunächst folgenden Werken
erweitert dann Nietzsche, als dritte Variation, den Übermenschen zu einer Gattung, zu einem neuen Adel, der einen
Adel der Urzeit fortsetzen soll. Wahrscheinlich war ihm
der Weg zu unseren Nachkommen zu weit. Davon dann
im zweiten Teile dieses Buches.

Wahrlich, wer durch solche farblose Schlagwörter eine

bessere Zukunft schaffen zu können sich einbildet, der ist
kein Genius, kein Führer der Menschheit, sondern ein
verwirrter, armer Kranker, den die Reklamen eitler
Bärenführer, die selbst nichts Rechtes leisten konnten, zu
einem Lichte der Zukunft, und dessen nichts Positives
sagenden Wortschwall sie zu einem Evangelium hinauf-
gekünstelt haben. Wir warnen alle, die das seit Jahrhunderten von edelen Menschen angezündete himmlische
Licht nicht mit gesunden Augen sehen können, vor dieser
Blendlaterne! Öffnet die Augen, ihr Verblendeten,
und erkennet in der Nächstenliebe den wahren Weg zur
Vervollkommnung der Menschheit und im Vaterlande den
Übergang zur einstigen engern Verbindung aller Völker
unserer Kulturwelt!

VOM STAATE.

»Staat heißt das kälteste aller kalten Ungeheuer.«

(Zar. S. 69.)

Nietzsche hat, so lange er an seinen Hauptwerken schrieb, ein Nomadenleben geführt, bald da, bald dort, in der Schweiz, in Italien, in Deutschland; allem Anschein nach hat er während dieser Zeit keine näheren Beziehungen zum Staate, in dem er lebte, gehabt, ohne Zweifel nicht einmal Steuern bezahlt, auch nichts von der Polizei zu erdulden gehabt, wovon im gegenteiligen Falle doch wohl etwas bekannt geworden wäre; kurz, er lebte unter dem Schutze des Staates und hatte sich nicht über ihn zu beklagen.

Woher rührt also sein ingrimmiger Haß gegen den Staat? Der Staat ist, nach ihm, das kälteste aller kalten Ungeheuer; er lügt, er sei das Volk. »Schaffende« schufen die Völker, »Vernichter« aber die Staaten.

Falsch! Die Völker sind nicht geschaffen, sondern geworden; sie haben sich von selbst gebildet. Schaffende haben vielmehr die Staaten gegründet, und mit jeder solchen Gründung war eine Befreiung von Willkür und Unrecht verbunden. Haben auch oft diese Übel im Staate selbst Eingang gefunden, so ist es nicht der Staat, sondern im

Gegenteil ein Mangel an rechtlicher Staatsordnung, der dies verursachte!

»Wo es noch Volk giebt, da versteht es den Staat nicht und haſst ihn als bösen Blick und Sünde an Sitten und Rechten.«

Man sollte glauben, Nietzsche habe in der Türkei gelebt oder gar in Dahome oder Marokko! Aber er lebte in civilisierten und geordneten Staaten, in welchen freilich nicht alles vollkommen ist. Gerade in diesen Staaten aber versteht das Volk den Staat und haſst nicht ihn, sondern einzelne seiner Organe, die kein Verständnis für das Volk haben.

Wohin käme es mit Sitten und Rechten, wenn der Staat nicht da wäre, sie zu schützen? So unvollkommen er als menschliche Einrichtung ist, — ohne ihn wäre alles tausendmal schlimmer.

Nietzsche hat offenbar keinen Staat beobachtet, hat in den inneren Organismus keines Staates einen Einblick und am wenigsten einen tieferen Einblick getan. Er urteilt lediglich ins Blaue hinein. Er erfindet sich einen Feind und giebt ihm den Namen »Staat«.

»Aber Zarathustra ist eine Dichtung« (freilich keine reine, sondern eine sehr tendenziöse, ja sogar fanatische!).

Gut! Eine Dichtung kann sagen: »Es gab einmal einen Staat, in dem das Volk unterdrückt wurde, in dem es kein Recht und keine Sitte gab, und in dem kälteste Ungeheuer regierten.«

Das könnte ein Dichter erzählen. Aber gegen den Staat im allgemeinen alle Schimpfwörter loslassen, ohne alle und jede Ausnahme oder Unterscheidung aufzustellen, ist nicht des Dichters Art. Schimpfen heiſst nicht dichten! Allerdings besaſs Nietzsche keine Gestaltungsgabe; es war

ihm unmöglich, dichterische Charaktere von Fleisch und
Blut zu schaffen. — So schimpfte er denn:

›Was der Staat auch redet, er lügt, — und was er
auch hat, gestohlen hat er's.‹

Es hat Regierungen gegeben, die logen und stahlen.
Das war aber nicht d e r S t a a t, sondern eine Negation
des wahren Staates!

›Falsch ist alles an ihm!‹ Und wie vieles ist falsch
an Nietzsches krankhaften Phantasien?

›Viel zu viele werden geboren!‹ Was kann der Staat
dafür? Ohne ihn würden die ›Viel zu vielen‹ einander
totschlagen und auffressen!

›Für die Überflüssigen ward der ⌊Staat˜ erfunden.‹
Welcher, wo und wann? W e r sind die Überflüssigen, und
w e r hat zu bestimmen, w e l c h e überflüssig sind? Nietzsche
schweigt darüber!

››Auf der Erde ist nichts Größeres als ich: der ord-
nende Finger bin ich Gottes‹, also brüllt das Untier.‹

Also brüllt vielmehr, tobt und wütet Zarathustra-
Nietzsche, dem der Staat niemals das Geringste zu leide
getan hat, — ja von dem er vielmehr jahrelang lebte und
später sogar leben durfte, ohne mehr für ihn zu arbeiten!

Und so fährt das Toben und Schimpfen durch vier
volle Seiten fort, — alles nur Wortschwall, kein einziges
Wort, das Sinn und Inhalt hätte!

Nicht ein einziges Wort, das einen Grund zur Stütze
des Gebrüllten (von Dichten oder Sagen ist nicht mehr die
Rede) aufstellte, das irgendwie erklärte, w a r u m so ge-
wütet wird.

Kein Wort, das andeutete, was denn an die Stelle
dieses ›Untiers‹ von Staat zu setzen, was statt seiner zu

erfinden wäre, um die Menschheit von diesem Ungeheuer
zu befreien!

Wer schimpfen will, muſs auch zu heilen wissen; wer
zerstören will, muſs auch aufbauen können. Ein »Schaffender« will er sein? Aber um des Himmels willen, was
will denn dieser Einreiſser schaffen? Und das soll nicht
Lüge sein, stets vom Schaffen zu reden, aber nichts zu
schaffen?

»Frei steht groſsen Seelen auch jetzt noch die Erde.
Leer sind noch viele Sitze für Einsame und Zweisame, um
die der Geruch (!) stiller Meere weht.«

Also wohl Auswanderung nach dem (angeblich) stillen
Ocean? Wo sind denn jene leeren Sitze? Und was soll
dort gegründet werden, wenn nicht neue Staaten? Das
würden sie eben sein, auch wenn man sie anders nennte.

»Dort, wo der Staat aufhört, da beginnt erst der
Mensch, der nicht überflüssig ist . . .«

Gerade einer Dichtung wäre es sehr gut angestanden,
diese utopischen staatlosen Sitze verführerisch zu schildern.
Das wäre Dichtung! Aber nein, geschimpft und getobt
muſste werden, und da blieb kein Raum mehr zur Dichtung
übrig. Es eilte zum Schlusse, und wir glauben falsch zu
lesen, wenn es heiſst: »Also sprach (statt »wütete«) Zarathustra.«

»Seht ihr ihn nicht, den Regenbogen, und die Brücken
des Übermenschen?«

Da haben wir wieder dieses Phantom! Wie bestechend,
wie entzückend könnte die Dichtung wirken, wenn sie den
»Übermenschen« schildern wollte, ihn und seine herrlichen,
den Staat ersetzenden und übertreffenden Schöpfungen!
Ja sogar mit satirischen Anspielungen (aber nicht rohen
Schimpfereien) auf gewisse Zustände der Gegenwart!

Aber eine Erscheinung, die nur durch solch sinnlosen Wutanfall vorbereitet wird, die lediglich verwirft, was allein der bisherigen Menschengeschichte angemessen war, und die das Bessere auch nicht mit einem Worte schildert, — nein, solche Erscheinung ist kein Übermensch.

So gefaſst ist Nietzsches Übermensch ein Untermensch.

Der staatlose Mensch ist — ohne Nachweis eines möglichen Bessern — ein Halbtier!

Nur wenn einst ein staatloser Ubermensch, dessen Möglichkeit vorausgesetzt, bessere Schulen, bessere Armen-, Kranken- und Irrenanstalten (die will aber Nietzsche nicht, wie wir noch sehen werden), bessere Verkehrswege, bessere Sanitätsvorrichtungen schaffen sollte als der bisherige Staat, — dann, erst dann wäre Grund dazu vorhanden, ihn auf Unkosten des geschichtlichen Staates zu rühmen.

Aber auch dann müſste dem bisherigen Staate, soweit er nicht geradezu miſsregiert wurde, Gerechtigkeit widerfahren! Auch dann gälte nicht Nietzsche-Zarathustras Methode, die da heiſst: ›Calumniare audacter!‹

Schimpfen, ohne Besseres zu wissen, ist keine Kunst, ist nichts Übermenschliches, ja berechtigt vielmehr zum gröſsten Miſstrauen gegen diese angeblich Schaffenden, die nur zu zerstören wissen.

Auf ihre Zeit sollten wir hoffen? Berechtigen uns dazu ihre Wutanfälle? Sind das Übermenschen, deren Art und Weise nicht über dem Menschen, sondern weit unter dem civilisierten Menschen steht?

VON OFFENEN TÜREN.

*»Ihr verehrt mich; aber wie, wenn eure
Verehrung eines Tages umfällt?«*

(Zar. S. 114.)

Es wäre den von Nietzsches Zarathustra hypnotisierten
Leuten zu viel zugemutet, wenn man ihnen das fest ein-
gerammte Vorurteil rauben wollte, daſs Nietzsche der Seher
einer besseren Zukunft sei; wenn man ihnen aber zeigt,
daſs er sich hauptsächlich damit beschäftigt, längst abgetane
Ansichten vergangener Zeiten zu bekämpfen, den Gesichtskreis des Mittelalters zu widerlegen und somit offene
Türen einzurennen, so dürfte ihnen dies doch einigermaſsen
die Augen öffnen.

So bemüht sich Zarathustra damit, einen »Weisen« zu
widerlegen, welcher lehrt, daſs man Tugend üben solle, um
gut schlafen zu können (S. 37 ff.). Er meint natürlich das
gute Gewissen, spricht aber, um hierdurch lächerlich zu
erscheinen, lediglich vom Schlafe. Es ist klar: wenn jemand so gelehrt hätte, so würde er damit keinen nennens-
werten Einfluſs auf die Menschen ausgeübt haben. Aber
wo in aller Welt giebt es denn Lehrer, die so lehren?
»Ihre Zeit ist um«, sagt Zarathustra selbst. Und doch ver-
lohnte es sich für ihn, einen so veralteten und einfältigen
Grundsatz überhaupt zu berücksichtigen, ja sogar noch zu

bekämpfen, und vollends von seiten eines Mannes, der ein
Prophet der Zukunft sein wollte und bei seinen Anbetern
stets noch dafür gilt?

Und dann diese heftigen Tiraden gegen den Glauben
an eine persönliche Fortdauer nach dem Tode! Soll
die Opposition gegen diesen Glauben etwa gar etwas Neues
sein? Oder meinte Nietzsche im Ernste, durch die aus
›Hinterwäldlern‹ künstlich gebildete Benennung ›Hinter-
weltler‹ (S. 41 ff.) denen, die noch an die Unsterblichkeit
glauben, und die niemals aussterben werden, diesen Glauben
nehmen zu können? Ist nicht gerade der Egoismus, den
Nietzsche sonst so eifrig predigt, der Grund des Glaubens
an das Jenseits? Ja, giebt es überhaupt eine stärkere Stütze
des Egoismus als diesen Glauben? Und doch gebärdet sich
Nietzsche (S. 43), als wäre er der erste, der lehrte (›einen
neuen! Willen lehre ich die Menschen‹), es sei nichts
mit dem Jenseits, und sie sollten sich auf die Erde beschränken! Dieser ›Wille‹ ist schon Jahrhunderte alt!

Noch grotesker ist die Predigt gegen die ›Verächter
des Leibes‹ (S. 46 ff.), die keine ›Brücken zum Übermenschen‹ seien. Solche Leute hat es vor etwa andert-
halb Jahrtausend gegeben; jetzt könnte man solche Narren
mit der Laterne suchen und doch nicht finden. Es wäre
geradezu unglaublich, wenn es nicht schwarz auf weiß
gedruckt vorläge, solche Lappalien in Nietzsches ›Zarathustra‹ zu finden.

Oder soll das etwas Neues sein, daß man den Verbrecher einen Kranken nennen solle (S. 52 ff.)? Der Gedanke ist von Lombroso 7 Jahre vor dem Beginne des
›Zarathustra‹ weitläufig ausgeführt worden. Oder daß
die Richter selbst nicht fehlerfrei seien? Darüber schrieb

Maupassant eine erschütternde Novelle, und ohnedies zweifelt
niemand daran. Doch etwas Neues ist dabei, das aber
leider nicht wahr ist. Nämlich daſs der Raubmörder Blut
und nicht Raub wolle. Nietzsche scheint keine Kriminal-
geschichten gelesen zu haben, von Akten gar nicht zu
sprechen! Das Gegenteil ist wahr! Der Raubmörder will
in erster Linie Raub und tötet nur, um nicht entdeckt zu
werden. Er dürste, sagt Nietzsche, nach dem ›Glück des
Messers‹, begreife aber diesen Wahnsinn nicht! Wahrlich,
auch wir begreifen diesen Wahnsinn nicht! Sogar der
Mörder ohne Raub, d. h. aus Rache oder Eifersucht, will
nur den Tod des Feindes, — nicht das Blut als solches!

›Einst war der Zweifel böse und der Wille zum Selbst (!?).
Damals wurde der Kranke zum Ketzer und zur Hexe: als
Ketzer und Hexe litt er und wollte leiden machen.‹

Dies schlägt aller geschichtlichen Wahrheit ins Gesicht.
Die Ketzer waren nicht krank, sondern geistig gesünder
als die Orthodoxen; die Hexen freilich litten an Hallu-
cinationen. Aber weder Ketzer noch Hexen haben irgend
jemandem etwas zu leide getan. Was man letztere bekennen
lieſs, wurde aus ihnen herausgefoltert oder war eine Stimme
des epidemischen Aberglaubens ihrer Zeit.

Und was soll es heiſsen, wenn Zarathustra (S. 100) sagt:
›So erfindet mir doch die Gerechtigkeit, die jeden frei-
spricht, ausgenommen den Richtenden?‹ Was anderes als
Parteinahme für den Verbrecher? Die hat er wahrlich
nicht nötig; die Strafanstalten begünstigen ihn über Gebühr
(es läſst sich aber nicht ändern).

Wenn ferner Nietzsche den ›Guten‹ (mit welchem Wort
er argen Unfug treibt) Wahnsinn wünscht, an dem sie zu
Grunde gingen gleich diesem bleichen Verbrecher (S. 54),
so stutzt ein Denkender über diese Faselei!

›Es ist immer etwas Wahnsinn in der Liebe. Es ist aber immer auch etwas Vernunft im Wahnsinn.‹ (S. 57.)

Fiel es denn Nietzsches Verehrern nie auf, daſs er so unheimlich viel vom Wahnsinn spricht? Waren das nicht Vorahnungen? Und was soll man denken von dem Satze:

›Ich würde nur an einen Gott glauben, der zu tanzen verstände?‹ (S. 58.)

Und was von dem Stadtnamen (!) ›die bunte Kuh‹?

›Neues will der Edle schaffen und eine neue Tugend (aber welche?). Altes will der Gute, und daſs Altes erhalten bleibe.‹ (S. 62.)

Unter dem ›Edlen‹ versteht Nietzsche bescheidenerweise sich selbst, unter den ›Guten‹ (welches Wort er im ›Zarathustra‹ stets auf verächtliche Weise betont) die Menschen, die nicht seine Anhänger sind.

›Aber nicht das ist die Gefahr des Edlen, daſs er ein Guter werde, sondern ein Frecher, ein Höhnender, ein Vernichter.‹

Nein, in diese Gefahr gerät der wirklich Edle gewiſs nicht!

Die Rede gegen die ›Prediger des Todes‹ (S. 63 ff.) ist ein würdiges Seitenstück zu derjenigen gegen die ›Verächter des Leibes‹. Nietzsche meint die Geistlichen damit, die aber sehr oft groſse Freunde des Lebens sind. — Alles offene Türen! Was wird denn damit in aller Welt ausgerichtet?

Was soll endlich die Lobrede auf den Krieg und die Krieger? (S. 66 ff.)

Nietzsche-Zarathustra wendet sich darin offenbar an die Krieger eines bestimmten Staates und Landes, er, der sowohl den Staat, dem sie dienen, in den ärgsten Aus-

drücken geschmäht, als das Vaterland, für das sie zu
kämpfen bestimmt sind, zu Gunsten eines um Jahrhunderte
voraus liegenden ›Kinderlandes‹ verleugnet hat. Es ist
auch unzweifelhaft das deutsche ʃHeer, an das er sich
wendet, obschon er das Deutsche Reich, wo er nur kann,
verhöhnt und beschimpft. (Davon mehr im II. Teile.) Er
rät den Soldaten (S. 67) nicht zur Arbeit, sondern zum
Kampfe, nicht zum Frieden, sondern zum Siege (was heißt:
zum Siege raten?). ›Ihr sagt,‹ meint er, ›die gute Sache
sei es, die sogar den Krieg heilige? Ich sage euch: der
gute Krieg ist es, der jede Sache heiligt. Der Krieg und
der Mut haben mehr grolse Dinge getan, als die Nächstenliebe.‹

Nun fragen wir: wer kein Vaterland will, was will
denn der mit den Kriegern eines Vaterlandes? Wo giebt
es denn Kriege ohne ein Vaterland? Entweder verteidigt
man es, oder man will es vergrölsern, oder man will einer
Partei darin zur Oberhand verhelfen. Andere Kriege giebt
es nicht! Was will er also mit den Kriegern? Will er
sie zum Kampfe für das künftige Kinderland einüben?
›Wo liegt dieses?‹ werden sie spöttisch fragen, und die
Kriegsherren der heutigen Heere werden lachen! Das
ganze Kriegskapitel hat also keinen Sinn! Im Grunde
wird nur die Nächstenliebe bekämpft.

Dafs Nietzsche-Zarathustra so ungeheuer viel Phrasen-
werk und Wortschwall gegen die Schwächen (oft, ja
meist sehr harmlose und in der menschlichen Natur be-
gründete) der Zeitgenossen zur Verfügung hat, ihre
Schlechtigkeiten aber mit keinem Worte berührt,
keinen Ausbruch des Zornes gegen Wucher und Betrug,
gegen Trunksucht und Frefssucht, gegen Rauferei und
Verleumdung, gegen Prostitution und Verführung kennt, —

das läfst tief blicken! Es ist aber leider kein erfreulicher Blick! Vielleicht wird man sagen, die Abneigung gegen die Schlechtigkeiten sei selbstverständlich. Gewifs, aber keineswegs der Kampf gegen sie! Dieser mufs rastlos geführt und unaufhörlich eingeschärft werden! Wir werden leider noch weiter sehen, warum er bei Nietzsche unterbleibt!

VOM WEIBE.

*»Du gehst zu Frauen? Vergiſs die
Peitsche nicht!«*

(Zar. S. 98.)

Die Frauen sind die bestgehaſsten Objekte der blinden
Wut Nietzsche-Zarathustras. Und zwar alle; eine Ausnahme ist nirgends zu entdecken! — —

Schon die Tatsache, daſs viele Frauen diesem Schriftsteller mit der tiefsten Bewunderung ergeben sind, beweist
ihre durchschnittliche rührende, weil selbstlose Gutherzig-
keit, die man versucht ist, als mindestens übertrieben, wenn
nicht gar übel angebracht, zu betrachten.

Wäre ich ein weibliches Wesen, ich hätte das Buch
bei der ersten dieser Stellen in eine Ecke geworfen!

Denn es verleumdet sie mit der kecksten Stirne!

»Allzulange,« heiſst es (S. 82), »war im Weibe ein
Sklave und ein Tyrann versteckt.«

Warum »war«? Beides kommt noch heute vor; aber
auch beim Manne kommt beides vor. Ja, er ist noch öfter
Sklave oder Tyrann des Weibes als das Weib der seinige.
Wir sprechen hier von Europa, das auch bei Nietzsche
allein berücksichtigt ist. —

Nun sollte man erwarten, es folge darauf die Mitteilung, was denn jetzt das Weib sei, oder was es künftig
sein werde!

Nichts davon! Im gleichen ›Verse‹ fährt die Schmähung fort: ›Deshalb (merkwürdige Schlußfolgerung!) ist das Weib noch nicht der Freundschaft fähig; es kennt nur die Liebe.‹

Das sieht wie ein halbes Lob aus; aber nein, das darf der Weiberfeind nicht zugeben! Darum fährt er fort zu schimpfen:

›In der Liebe des Weibes ist Ungerechtigkeit und Blindheit gegen alles, was es nicht liebt. Und auch in der wissenden Liebe des Weibes ist immer (!) noch Überfall und Blitz und Nacht neben dem Lichte.‹

Daß es dämonische Weiber giebt, daran zweifelt niemand. Aber sie sind selten; im Hasse des Mannes dagegen ist Überfall und Blitz und Nacht o h n e Licht!

›Noch ist das Weib nicht der Freundschaft fähig: Katzen sind immer noch die (!) Weiber (also alle?) und Vögel. Oder, bestenfalls, Kühe (!).‹

Sollen wir dies etwa für die Sprache eines gebildeten Europäers halten? Was hätte Nietzsche gesagt, wenn eine Frau geschrieben hätte: die Männer sind Hunde oder bestenfalls Ochsen?

Nein, so brutal sind die Frauen nicht! Nietzsche fährt aber fort und wiederholt sich:

›Noch ist das Weib nicht der Freundschaft fähig. Aber sagt mir, ihr Männer, wer von euch ist denn fähig der Freundschaft?‹

›O über eure Armut, ihr Männer, und euern Geiz der Seele! Wie viel ihr dem Freunde gebt, das will ich noch meinem Feinde geben und will auch nicht ärmer damit geworden sein.‹

›Es giebt Kameradschaft: möge es Freundschaft geben!‹

Diese Stelle ist kostbar! Wozu häuft denn Nietzsche erst allen Schimpf auf die Frauen, wenn er doch hinterher zugiebt, daſs die Männer noch w e n i g e r Freundschaft kennen? Wozu?

Und welche schreiende Ungerechtigkeit gegen die Frauen, zu sagen, daſs sie nicht der Freundschaft fähig seien! Welche schwarze Undankbarkeit gegen Frau Lou Andreas Salome, Fräulein Meta v. Salis-Marschlins und viele andere, die ihm in seiner Vereinsamung mündlich und schriftlich Verehrung, Treue und Trost boten! Sie sind es auch, die nach seinem geistigen Tode, der Öffentlichkeit Trotz bietend, für den verehrten ›Meister‹ aufgetreten sind. Nicht zu sprechen vollends von seiner treuen Mutter und seiner hingebungsvollen Schwester, Frau Förster-Nietzsche, die mit rührender Liebe sein Leben beschrieb! Diese Damen a l l e i n sind es, die aus Freundschaft oder Liebe für ihn geschrieben haben; die Männer, die es taten, die taten es aus a n d e r e n Gründen, um von sich reden zu machen; keiner von ihnen sagt ein Wort von Freund-schaft für den Unglücklichen!

Und nun noch ein wesentlicher Punkt!

Nietzsche scheint nur an Freundschaft zwischen Frauen und Männern gedacht zu haben! Warum ignorierte er die Freundschaft zwischen Frauen unter sich? Es giebt darüber natürlich keine statistischen Nachweise; aber aus persön-lichen Erfahrungen und Eindrücken glauben wir sagen zu dürfen: Die Freundschaften unter Frauen und Jungfrauen sind weit inniger, treuer und andauernder als jene unter Männern, die meist mit dem Ortswechsel verfliegen, wäh-rend diejenigen zwischen Frauen über Oceane reichen!

Aber das Beste kommt noch!

›Von alten und jungen Weiblein‹ heiſst ein Kapitel

von Nietzsches Zarathustra (S. 95 ff.). Weiblein! Warum nicht geradezu ›Weibchen‹, um das Maſs der Verachtung voll zu machen?

Hier gestattet er sich folgende ›zarte Wendung‹:

›Alles am Weibe ist ein Rätsel, und alles am Weibe hat e i n e Lösung; sie heiſst Schwangerschaft.‹

Diese Stelle bedarf keines Kommentars, ebensowenig aber auch die folgenden Liebenswürdigkeiten:

›Zweierlei will der echte Mann: Gefahr und Spiel. Deshalb will er das Weib als das gefährlichste Spielzeug.‹

So? nur als das?

›Besser als ein Mann versteht das Weib die Kinder, aber der Mann ist kindlicher als das Weib.‹

Gerade das Gegenteil sucht Dr. P a u l B e r g e m a n n in Jena (›Die werdende Frau in der neuen Dichtung‹) nachzuweisen, und zwar mit guten Gründen, die bei Nietzsche wie immer fehlen.

Nun das scheinbare Kompliment:

›Ein Spielzeug sei das Weib, rein und fein, dem Edel-steine gleich, bestrahlt von den Tugenden einer Welt, welche noch nicht da ist.‹

Aber immerhin nur ein Spielzeug! Dies stimmt das Lob bedenklich herunter. Dann:

›Der Strahl eines Sternes glänze in eurer Liebe! Eure Hoffnung heiſse: möge ich den Übermenschen gebären.‹

Immer diese gynäkologischen Allüren! Wird aber der Ubermensch so, wie ihn Nietzsche schildert, dann bleibt doch jene Hoffnung besser unerfüllt!

Und nun fällt der Schimpf hageldicht!

›Wenig versteht sich sonst das Weib auf Ehre (!).‹

›Der Mann fürchte sich vor dem Weibe, wenn es haſst (aber umgekehrt nicht?). Denn der Mann ist im Grunde

der Seele nur böse, das Weib aber ist dort s c h l e c h t (!!).«
In der Tat, sehr freundlich!

»Oberfläche ist des Weibes Gemüt, eine bewegliche,
stürmische Haut auf einem seichten Gewässer (!).« Welche
seichten Gewässer haben denn eine stürmische Haut?

Das Beste ist aber, daſs sich Nietzsches Zarathustra
(S. 98) von einem alten Weibe sagen läſst:

»D u g e h s t z u F r a u e n? V e r g i ſs d i e P e i t s c h e
n i c h t!«

Eine R o h e i t erster Güte!

Eine Dame, die im »Magazin für Litteratur« (1898,
Nr. 6) Nietzsche durch dick und dünn lobt, stutzt selbst
darüber; aber sie tröstet sich sofort, indem sie findet, er
parodiere sich selbst bezüglich jener Stelle »auf köstliche
und entzückende Weise« in folgender späterer Äuſserung
(im anderen Tanzlied, S. 330, also weit genug von jener
rohen Stelle):

»Nach dem Takt meiner Peitsche sollst du mir tanzen
und schrei'n! Ich vergaſs doch die Peitsche nicht?
Nein!«

Darin ist doch, ohne himmelhohe und blinde Bewunderung, weder etwas Entzückendes, noch eine Parodie
zu finden! Auch gilt diese letztere Stelle nicht den Frauen,
sondern dem als Mädchen gedachten »Leben«.

Und wie käme die Tänzerin denn zum S c h r e i e n,
wenn sie nicht (nach des Dichters Absicht) wirklich g e -
p e i t s c h t würde? Eine blutgierig-wollüstige Phantasie!
Man nennt dies heute »Sadismus«.

S e h r s c h ö n e Worte sagt Nietzsches »Zarathustra«
(S. 102 f.) über die E h e, vernichtet sie aber sofort, indem
alle seine Beispiele zum Nachteile der Frauen lauten.

»Ja, ich wollte,« heißt es, »daß die Erde in Krämpfen bebte, wenn sich ein Heiliger und eine Gans miteinander paaren.« Welche ungeheuerliche Hyperbel!

Und wenn dies nun ein Wolf und ein Lamm tun, was dann? Dann darf das Lamm ruhig aufgefressen werden! Nichtwahr?

Und was sagt Nietzsche-Zarathustra vollends von der Bestimmung der Eheleute (S. 307)?

»So will ich Mann und Weib: kriegstüchtig den einen, gebärtüchtig das andre, beide aber tanztüchtig mit Kopf und Beinen.«

Darin irgend etwas Geistiges oder Sittliches zu erblicken, dürfte dem schlauesten Nietzscheaner nicht gelingen. Man sieht unwillkürlich einen Indianerhäuptling vor sich, der, mit wilder Miene, den Tomahawk schwingend und das Skalpiermesser im Gürtel, den Kriegstanz aufführt mit seiner Squaw, die sonst nur zum Gebären gut genug ist. Von einer der europäischen Kultur würdigen Ehe, in der Geist und Gemüt sich zur Liebe verbinden, kann bei diesem wilden Tanz und wüsten Gelächter keine Rede sein.

VON PREDIGTEN, LIEDERN UND TRÄUMEN.

»Nun läuft sie närrisch durch die harte Wüste und sucht und sucht nach sanftem Rasen — meine alte, wilde Weisheit!« *(Zar. S. 122.)*

Der zweite und dritte Teil der Reden Zarathustras unterscheiden sich vom ersten und vierten sehr wesentlich. In jenen beiden treten die eigenartigen Tendenzen Nietzsches weniger hervor als in diesen beiden; es waltet dort ein ruhigerer und gemäßigterer Fluß der Rede als hier, der aber doch nicht ganz frei von heftigen Ausbrüchen wilder Leidenschaft ist.

Der zweite Teil ist im Anfang eigentlich eine Art Predigtsammlung, in deren einzelnen Reden gewisse Klassen von Leuten apostrophiert werden, aber gerade nicht diejenigen, die es am nötigsten hätten, und meist auch nicht solche, die deutlich bezeichnet sind. Zarathustra beginnt diese, der Bergpredigt des Neuen Testaments nachgeahmte Reihenfolge von Reden mit der ihn erschreckenden Entdeckung, daß (S. 120) seine Lehre in Gefahr, daß seine Feinde mächtig geworden seien. Was hat er denn eigentlich getan, seine Lehre vor Gefahr zu schützen, seine Feinde nicht mächtig werden zu lassen? Nichts, gar nichts! Er ist der unvorsichtigste, sorgenloseste Lehrer, der sich denken

läfst. Warum braucht er sich von Zeit zu Zeit in die Einsamkeit seiner Höhle zurückzuziehen? Wer seine Lehre
gegen seine Feinde aufrecht halten will, muſs fest und treu
auf der Wache stehen bleiben. Zarathustra ist ein haltloser
Schwärmer, der sich durchaus nicht zu einem Lehrer eignet.
Dazu fehlen ihm Ruhe, Besonnenheit und Konsequenz. Man
erwartet wahrlich ganz anderes, als die ʻnun folgenden
doktrinären Reden, wenn er (S. 121 f.) in die Worte aus-
bricht: er wolle seinen Speer gegen seine Feinde schleu-
dern . . ., gewaltig werde seine Brust ihren Sturm über
die Berge hinblasen . . ., seine Feinde sollen glauben, der
Böse rase über ihren Häuptern . . ., seine Freunde werden
erschreckt sein ob seiner wilden Weisheit und vielleicht
samt seinen Feinden davon fliehen u. s. w.

Zur nebelhaften Geographie Zarathustras gehören die
dreimal (S. 123 ff., 191 u. 223 ff., besonders am Anfang
des 2. u. 3. Teiles) erwähnten »glückseligen Inseln«
(eine Entlehnung aus dem klassischen Altertum). Hier
nun gewinnt der »Übermensch« seine zweite Gestalt,
die eines Nachkommen des Menschen und zugleich eines
Ersatzes für Gott, der nur eine Mutmaſsung sei. Zarathustras »Brüder« sollen sich zu Vätern und Vorfahren des
Übermenschen umschaffen! Wie sie das bewirken sollen,
wird nicht gesagt, und mit gutem Grund! Denn es ist eine
ganz bodenlose Phantasie, daſs jemand seine Nachkommen
nach Belieben schaffen könne. Lieſs sich etwa Karl der
Groſse, dieser Kolossalmensch, ein »Übermensch« seiner
Zeit, träumen, daſs er einen Kahlen und einen Dicken zu
Nachkommen haben und daſs sein Geschlecht mit Ludwig
dem Kinde enden werde? Und konnte Friedrich der
Rotbart es verhindern, daſs sein letzter Sproſs der liebenswürdige, aber schwächliche Konradin gewesen ist? Und

wie viele, ungezählte Adelsgeschlechter sind verkommen,
verdorben und ausgestorben! Wie viel große und herrliche
Männer und Frauen sind dagegen aus bürgerlichen oder
bäuerlichen Familien hervorgegangen!

An die Stelle des Gottesglaubens soll nun das Schaffen
treten. »Hinweg von Gott und Göttern lockte mich dieser
Wille; was wäre denn zu schaffen, wenn Götter — da
wären!« (S. 126.) »Schaffen — das ist die große Erlösung
vom Leiden und des Lebens Leichtwerden.« (S. 125.) Immer
spricht er vom Schaffen. Aber sagt mir doch, was hat
er denn geschaffen? Ist etwa bis auf Nietzsche nichts geschaffen worden? Wir denken doch, nur mit dem Unter-
schiede, daß man weiß was!

Das angebliche Schaffen beginnt (S. 127 ff.) mit einer
Strafrede gegen die Mitleidigen. »Wahrlich, ich mag
sie nicht, die Barmherzigen, die selig sind in ihrem Mitleiden; zu sehr gebricht es ihnen an Scham. Muß ich mitleidig sein, so will ich's doch nicht heißen, und wenn ich's
bin, dann gern aus der Ferne.« Recht sophistisch! Den
Leidenden ist wahrlich nicht geholfen, wenn sich der Wohl-
habende einredet, sich die Scham des Gebens und ihnen
die des Empfangens zu ersparen.

»Wo in der Welt geschahen größere Torheiten, als
bei den Mitleidigen?« Und wo größere Roheiten, als
bei den Nichtmitleidigen?

»Alle Schaffenden aber sind hart.« Daß Zarathustra
hart ist, wissen wir ja bereits; aber daß er etwas
schaffen könne, muß er erst noch beweisen!

Dann kommen (S. 131 ff.) die Priester an die Reihe,
ohne daß gegen sie etwas gesagt würde, was man nicht
schon längst wußte, dann (S. 135 ff.) die Tugendhaften.
Wie kommt dieser »modernste Geist« dazu, Die zu be-

kämpfen, die ›Lohn für Tugend und Himmel für Erden und Ewiges für Heute‹ haben wollen? Das liegt doch längst hinter dem bescheidensten Grade von Aufklärung.

›Aber wohl giebt es solche, denen Tugend der Krampf unter einer Peitsche heißt.‹ Was soll damit gesagt sein? Wer wird das überhaupt Tugend nennen?

›Und andere giebt es, die nennen Tugend das Faul-werden ihrer Laster.‹ Wollte doch Zarathustra so viel gegen die Laster predigen wie hier gegen die falsche Tugend! Das wäre doch dankbarer gewesen, paßt aber nicht in das System! Er läßt die Laster schön unge-schoren!

›Und andere giebt es, die sind gleich Alltags-Uhren, die aufgezogen wurden; sie machen ihr Tiktak und wollen, daß man Tiktak — Tugend heiße.‹ Welcher vernünftige und gebildete Mensch will denn das? Ist es des ›weisen‹ Zarathustras Aufgabe, gegen solche kleinliche Auffassung loszuziehen? Ist dies sein Speer, sein Sturm, seine Raserei? Etwas Schwächeres als dieses Kapitel hat Zarathustra kaum gesprochen!

Und nun die Rede gegen das ›Gesindel‹ (S. 140 ff.). So öde und unklar sie ist, so geht doch daraus hervor, daß Nietzsche darunter alle versteht, die ihn in seiner Einsam-keit stören. Diesen kann man ja aus dem Wege gehen. Warum gegen sie predigen? Was geht das andere an?

Als ›Taranteln‹ schnaubt er die ›Prediger der Gleich-heit‹ an, d. h. die Demokraten und Socialisten (S. 144 ff.). Wir sind so wenig wie Nietzsche Anhänger der Gleichheit, die es ja nicht giebt. Aber wenn er den Ursprung dieser Richtung in ›Neid, Dünkel, Eifersucht und Wahnsinn der Rache‹ sucht, so zeugt das von geringem

Einblick in das Weltgetriebe. Es ist vielmehr der Notschrei gegen Unterdrückung und Ausbeutung (die Nietzsche
eben will), der hier emporgellt. Die berechtigte Ungleich-
heit im Geiste ist infolge der materiellen Entwickelung
durch die weniger berechtigte und dazu übertriebene Un-
gleichheit im Besitze in den Hintergrund gedrängt worden.
Der mehr Wissende und höher Strebende wird von dem in
Gold und Bankpapieren Wühlenden auf die Seite gestofsen.
Wer diesem stupiden Vorrang des Mammons sich nicht
beugen will, gerät leicht in die Verirrung, von allgemeiner
Gleichheit zu schwärmen. Der Geist sollte herrschen
statt des Geldsackes; der Geist aber wird die weniger Begabten mit Liebe und Lehre heranziehen, statt über sie zu
schimpfen. Nicht aus dem Volke ›blickt der Henker und
der Spürhund‹; wohl aber sieht der Drang nach neuer
Sklaverei danach aus, ja auch dann, wenn er vom Ubermenschen spricht!

Die Führer des Volkes nennt Zarathustra (S. 149 ff.)
bald ›berühmte Weise‹ und bald ›Esel‹, oft im selben
Satze, und verirrt sich dabei in blühenden Unsinn und wirre
Traumbilder, aus denen kein Strahl göttlicher Klarheit
hervorbricht. Doch, dieser Abirrung in das Phantastische
ist es wohl zu verdanken, dafs die zwecklosen Predigten
eine Strecke weit von den wunderbaren lyrischen Gedichten
abgelöst werden, die nach jenem blöden Geschimpfe eine
wahre Erquickung sind (›Nachtlied‹, ›Tanzlied‹, ›Grablied‹).
Jammerschade, dafs Nietzsche nicht Dichter blieb; als solcher
hätte er uns mit Theorien neuer Unterdrückung und Knecht-
schaft verschont und Freunden der Menschheit und ihrer
naturgemäfsen Entwickelung die Notwendigkeit erspart, ihn
noch im geistigen Tode zu bekämpfen, damit sein aus-
gestreuter böser Same nicht Unkraut hervorbringe!

Dafs er dann seinen berühmten »Willen zur Macht«
(S. 165 ff.) verkündet, können wir ihm nicht verargen.
Nach Macht strebt ja alles, sei es nun die Macht, die
Menschen glücklich oder — unglücklich zu machen. Wir
würden lieber vom Willen zum Glück (aber aller)
hören.

Formschöne Lyrik und wirres Gerede durchdringen
sich seltsam in den schwer zu entziffernden Reden an die
»Erhabenen«, die »Gegenwärtigen«, die »Erkennenden«, die
»Gelehrten« und die »Dichter«.

Was »Zarathustra sprach«, wird nun immer dunkler,
mystischer, traum- und nebelhafter, fast wie in Wilhelm
Meisters Wanderjahren und in gewissen Scenen des zweiten
Teiles von Goethes Faust, die das Greisenalter des grofsen
Dichters verkündeten, aber bei einem jüngern Manne nur
Kopfschütteln verursachen können. O Klarheit, Klarheit,
warum ist dein Name nicht Nietzsche-Zarathustra?

Es mufs dem ruhig und unbefangen denkenden Leser
notwendig auffallen, wie, langsam zwar, aber sicher, Schritt
vor Schritt, Zarathustra von blofser Unklarheit zu immer
gröfserer Verwirrung schreitet und sich Bogen für Bogen
mehr und mehr dem Wahnsinn nähert. Die nichtssagenden
Reden am Anfange des zweiten Teils sind in dessen Ver-
lauf zu verworrenen Träumen übergegangen, und am Ende
dieses Teils tritt an ihre Stelle ein völlig apokalyptisches
Phantasieren, das stellenweise der Offenbarung des Johannes
fast knechtisch nachgeahmt 'ist. Alle und jede Realität
verschwindet in dem Kapitel »von grofsen Ereignissen«
(S. 191 ff.). Zarathustra fliegt (!) in der Richtung nach
einem Vulkan, das Volk meint, der Teufel habe ihn ge-
holt, die Jünger umgekehrt: er den Teufel! Dann spricht
er mit einem plötzlich auftauchenden »Feuerhunde«, ohne

daſs man erfährt, was das für ein Tier ist. ob das der Apokalypse oder ein anderes! »Heuchelhund« nennt ihn Zarathustra und redet mit ihm verworrenes Zeug, dabei Kirche und Staat lästernd. »Und ich sahe eine groſse Traurigkeit über die Menschen kommen«, apokalyptiert ein »Wahrsager«; Zarathustra wird von Melancholie angesteckt und träumt weiter; die Auslegung seines Traumes durch einen Jünger aber ist ebenso dunkel wie der Traum selbst (in dem es heiſst: »Alpa, Alpa! [?] Wer trägt seine Asche zu Berge?« S. 199). Dann kommen Krüppel, Blinde, Lahme und wollen von ihm geheilt sein. Da erheitert er sich wieder und macht, statt ihnen zu helfen (S. 203 f.), schlechte Witze über sie, die mit traumhaften Gesichten wechseln. Der nicht geheilte Bucklichte fragt treffend (S. 209): »Warum redet Zarathustra anders zu uns als zu seinen Jüngern?« und weiter: »Warum redet Zarathustra anders zu seinen Schülern als zu sich selber?« — Komisch ist nur, daſs alle diese Reden für jedermann im gleichen Buche zu lesen stehen, — traurig aber, daſs man alle diese Reden ohne Unterschied verdauen soll! Warum schreibt Nietzsche anders für seine Leser, als er zu seinen Freundinnen sprach? — das ist noch viel trauriger!

Weiter spielt (S. 213) wieder der Übermensch eine Rolle. Demselben soll der »seiner würdige Überdrache« zur Seite stehen. Wildkatzen werden zu Tigern und Giftkröten zu Krokodilen, damit der gute Jäger eine gute Jagd habe! Der Übermensch werde furchtbar sein in seiner »Güte«! Die bisherigen »höchsten Menschen« würden seinen Übermenschen — »Teufel« heiſsen. Verlockende Aussichten!

Um der Versuchung eines unbekannten Wesens, ein Herrschender zu werden (was an die Versuchungen des

alten Zarathustra, Buddhas und Jesu erinnert), zu ent-
gehen, zieht sich Zarathustra wieder in seine Höhle zurück.
Was hat er in dieser seiner zweiten Laufbahn getan?
Gepredigt, gesungen und geträumt! Was geschaffen?
Nichts! Er hat recht (S. 219), — untröstlich zu weinen!

VON ALTEN UND NEUEN TAFELN.

*»Hier sitze ich und warte, alte, zerbrochene
Tafeln um mich und auch neue, halb be-
schriebene Tafeln. Wann kommt meine Stunde?«*
(Zar. S. 287.)

Im dritten Teile hat Zarathustra das Fliegen wieder
verlernt, geht wie andere Sterbliche zu Fuſs und fährt zu
Schiffe (S. 223 ff.). Dieser Teil fängt recht vernünftig an,
leider nicht auf die Dauer! Festzunageln ist (S. 227) der
Satz: »Die Liebe ist die Gefahr des Einsamsten, die Liebe
zu allem, wenn es nur lebt.« Das war noch ein schöner
Satz! Ist es möglich, daſs ihn Der geschrieben hat, der in
»Jenseits von Gut und Böse« für Härte, Grausamkeit, Barbarei und Sklaverei schwärmt? Aber nun beginnt das
Schwelgen in Visionen und Rätseln von neuem. Das spär-
liche Licht weicht wieder der verschwenderischen Dunkelheit. Auf einmal (S. 229) sitzt auf Zarathustras Schulter,
man vernimmt nicht wie, ein Wesen, halb Zwerg, halb
Maulwurf, der »Geist der Schwere«, sein »Teufel und Erz-
feind«, der ihn verhöhnt. Nachdem er auf Zarathustras
Geheiſs abgesprungen, stehen sie vor einem Torweg, wo
zwei Wege zusammenkommen, die noch niemand zu Ende
ging. Und was ist der tiefe (?) Sinn dieses Bildes? Im
Augenblicke berühren sich Vergangenheit und Zukunft.
Wirklich, ein neuer Gedanke! Und nun jagen sich Traum-

bilder, grauenhafte, ohne daſs jemand begreift warum, eine
Spinne, die im Mondscheine kriecht, ein heulender Hund,
der Gespenster sieht und um Hilfe schreit, ein Mensch, dem
eine Schlange in den Mund gekrochen, der er den Kopf
abbeiſst, ein Lachen, das keines Menschen Lachen war. —
Deuten kann man ja alles; aber was Nietzsche meinte
(S. 232), die ›ewige Wiederkunft‹ aller Dinge, versteht
niemand.

Es ahnt ihm — warum, erfährt man nicht — ein Unglück; er wartet darauf, aber es kommt nicht, vielmehr
das Glück. Er singt das wirklich schöne Lied ›Vor
Sonnenaufgang‹. Solche lyrische Intermezzi lesen wir lieber
als die unheimlichen Traumbilder. Leider aber fängt er
darin (S. 243) an, über ›jenseits von Gut und Böse‹ zu
phantasieren. ›Gut und Böse sind nur Zwischenschatten
und feuchte Trübsale und Ziehwolken.‹ Damit ist nun
freilich nichts gesagt, als daſs für Nietzsche Gut und
Böse keinen Unterschied kennen. Eine Einleitung zu dem
schlimmen Buche, das so betitelt ist, die er aber hier
nicht weiter verfolgt. Dagegen wiederholt Zarathustra das
Reiten seines Steckenpferdes, das Eifern gegen die eingebildete Tugend des Tiktaks. Ihre Lehre von Glück und
Tugend mache, meint er, die Menschen kleiner, sie be-
gnügen sich mit dem Wohlbehagen. Die meisten sind
schlechte Schauspieler. Ihre Weiber vermännlichen sich.
Die, welche befehlen, heucheln die Tugenden derer, welche
dienen. Ihre Tugend ist Feigheit und Mittelmäſsigkeit.
›Sie wundern sich,‹ sagt er (S. 250), ›daſs ich nicht kam,
auf Lüste und Laster zu lästern, und wahrlich, ich kam
auch nicht, daſs ich vor Taschendieben warnte.‹ Wir finden
diese Entschuldigung zugleich fad und frivol. Nicht vor
k l e i n e n Dieben warnen, aber g r o ſs e Diebe an den

Pranger stellen, d a s war der Beruf eines weisen Lehrers;
was er aber n i c h t w i l l, das hat er bereits getan; denn
die von ihm bekämpfte eingebildete Tugend ist wirklich
nur ein Taschendieb. D i e s e n hält er an, — den R ä u b e r
läfst er laufen! Statt das Schlechte zu strafen, predigt er
das, was dazu führt. ›Ich bin Zarathustra, der Gottlose,
und alle die sind meinesgleichen, die sich selber ihren Willen
geben und alle Ergebung von sich abtun. Liebt immerhin
euren Nächsten gleich euch, — aber seid mir erst solche,
d i e s i c h s e l b e r l i e b e n.‹ Er predigt also die Willkür
des Handelns und den Egoismus; die Verurteilung der
Nächstenliebe wird später nachfolgen.

Im Verlaufe der Erzählung, soweit von einer solchen,
wo meistens n i c h t s geschieht, die Rede sein kann, umgiebt
uns zum zweitenmal die Atmosphäre der Grofsstadt, vielleicht derselben, welche in der ›Vorrede‹ die Predigt vom
Übermenschen hörte (oben S. 14 ff.) und den Vorfall mit dem
Seiltänzer sah (S. 258 ff.). Wie dort ein Possenreifser, so
spielt hier ein ähnliches Subjekt, ein ›schäumender N a r r‹,
den man den ›Affen Zarathustras‹ nannte, das Schicksal.
Dieser Narr scheint ein verzerrtes Spiegelbild des Weisen
zu sein; er spricht wie dieser, wenn er in Leidenschaft
gerät, nur mit mehr, weil absichtlicher Übertreibung. Seine
Absicht ist, den Propheten von der Stadt abzuhalten, von
deren Sitten und Zuständen er ein abschreckendes Bild
malt, das aber stellenweise dem Wutausbruche Zarathustras
über den Staat (oben S. 27 ff.) auffallend ähnlich ist. Manches
darunter, was z. B. über Klatsch und Trunksucht. Streberei
und Speichelleckerei kurz gesagt ist, hätte sich weit eher ver-
lohnt, von Zarathustra zu Predigten ausgearbeitet zu werden,
als die ewig eintönige Leier von der eingebildeten Tugend!
Warum gerade ein Weltverbesserer abgehalten werden sollte,

eine Stadt zu betreten, worin es doch für ihn so viel zu
tun gab, ist ebenso unbegreiflich wie der Umstand, daſs
Zarathustra dem Narren seine Rede mit Entrüstung ver-
weist und ihm dennoch gehorcht, mit der eines Sitten-
predigers höchst unwürdigen blöden Rede (S. 262): ›Hier
ist nichts zu bessern, nichts zu bösern.‹ Da war der
fabelhafte Jonas in Ninive ein anderer Held. Und vollends
Jesus in Jerusalem! — Zarathustra ist wahrlich ein sonder-
barer Heiliger! Er predigt überall, wo es nicht nötig ist,
und wo es nötig wäre, da schweigt er. Welchen Eifer
zeigt er in der flammenden Rede gegen die ›Abtrünnigen‹,
d. h. gegen die vom Atheismus wieder Abgefallenen! Ein
›feiger Teufel‹ hat es ihnen eingeredet; sie sind lichtscheu
geworden. In Wahrheit sind aber die frommen ›Duck-
mäuser‹, an die er sich wendet, niemals Atheisten gewesen,
sind also auch keine ›Abtrünnigen‹. Die Begriffsverwirrung
kann auch nicht übertroffen werden, wenn Zarathustra
(S. 268) sagt, die alten Götter hätten sich zu Tode gelacht,
›als das gottloseste Wort von einem Gotte selber ausging, —
das Wort: Es ist ein Gott! Du sollst keinen andern Gott
haben neben mir!‹

Noch mehr als über solches Predigen muſs man stutzen
über das unklare Zeug, was Zarathustra (S. 275 ff.) über
die ›drei Bösen‹ predigt. Er will nämlich die drei ›best
verfluchten, am schlimmsten beleu- und belügenmundeten
Dinge‹, Wollust, Herrschsucht und Selbstsucht,
›auf die Wage tun und menschlich gut abwägen.‹ Man
sollte nun erwarten (obschon dazu kein Bedürfnis vorliegt),
es würde von jeder dieser Untugenden das unter Umständen
Entschuldbare und das Verderbliche klar gegeneinander
abgewogen werden. Was er von ihnen sagt, ist aber, soviel
aus dem furchtbaren Schwulst der Rede zu entnehmen, weder

eine Entschuldigung, noch eine Geiſselung, sondern am
Anfang wird karikiert, was die ›Verleumder‹ dieser Untugenden nach Zarathustras Phantasie von ihnen sagen
könnten, und dann wird gerühmt, was zu ihrer Verherrlichung dienen soll; bei der Selbstsucht ist (bezeichnend!)
nur das letztere der Fall. Langsam, aber sicher rückt also
Nietzsche seiner Umkehrung der durch die Entwickelung
der Kultur gewonnenen Moralbegriffe näher und näher.
Etwas irgendwie Faſsbares ist damit n i c h t gesagt; kein
Gedanke, daſs durch diese Auffassung irgend etwas auf
der Welt besser werden könnte *).

Mit dem Worte ›Nächstenliebe‹ (S. 282) ist bisher ›am
besten gelogen und geheuchelt worden und sonderlich von
solchen, die aller Welt schwer fielen.‹ Das ist wahr.
Wollte einer aber glauben, Zarathustra werde die Nächstenliebe in ihrer b e r e c h t i g t e n Ausübung verteidigen, den
müssen die nun folgenden ›Alten und neuen Tafeln‹ eines
andern belehren.

Nach einer sehr schönen dichterischen Einleitung behauptet Zarathustra (S. 290), er habe die Menschen gelehrt,
an der Zukunft schaffen und alles, das w a r, schaffend zu
erlösen. Schade, daſs es nicht wahr ist. Er hat ihnen in
dieser Richtung durchaus keine Anleitung zu dem gegeben,
was sie t u n s o l l e n. Seine Reden konnten dies niemandem
k l a r m a c h e n! Die erste neue Tafel dieses andern Moses
lautet: ›S c h o n e d e i n e n N ä c h s t e n nicht. Der Mensch

---

*) Als Beispiel geben wir folgende Apologie der ›Wollust‹:
›Wollust; allen buſshemdigen Leib-Verächtern ihr Stachel
und Pfahl und ‚Welt‘ verflucht bei allen Hinterweltlern: denn
sie höhnt und narrt alle Wirr- und Irrlehren.‹
›Wollust; für die freien Herzen unschuldig und frei, das
Garten-Glück der Erde, aller Zukunft Dankes-Überschwang an
das Jetzt (!!!).‹

ist etwas, das überwunden werden muſs . . . Überwinde
dich selber noch in deinem Nächsten: und ein Recht, das
du dir rauben (!) kannst, sollst du dir nicht geben lassen.‹
Man mag das drehen und wenden, wie man will, es ist
immer der nackte Egoismus, der hier gelehrt wird, und
d e n braucht man keinen Menschen zu lehren, er lernt sich
immer und überall von s e l b s t! Man solle die alten Tafeln
z e r b r e c h e n, heiſst es wiederholt; aber wehe, die neuen
taugen nichts! Denn wonach man nicht leben und leben
a s s e n kann, das taugt nichts.

›Es giebt einen alten Wahn, der heiſst Gut und Böse.‹
Was setzt Zarathustra an die Stelle dieses ›Wahns‹?

›Du sollst nicht rauben! Du sollst nicht totschlagen! —
solche Worte hieſs man einst heilig; vor ihnen beugte man
Knie und Köpfe und zog die Schuhe aus. Aber ich frage
euch: wo gab es je bessere Räuber und Totschläger in
der Welt, als es solche heilige Worte waren? Ist in allem
Leben selber nicht — Rauben und Totschlagen? Und daſs
solche Worte heilig hieſsen, wurde damit die W a h r h e i t
selber nicht totgeschlagen?‹ Welche kecke Sophistik! Also
weil es im Leben Rauben und Totschlagen giebt, soll es
auch gestattet sein!

Es bedürfe, heiſst es weiter, eines n e u e n A d e l s, der
allem Pöbel und allem Gewalt-Herrischen Widersacher ist
und auf neue Tafeln neu das Wort schreibt ›edel‹. Das
ist der neue, vervielfachte Übermensch, und der Gedanke wäre nicht übel, wenn man erführe, w o h e r der
neue Adel kommen solle, und wenn — Nietzsche nicht selbst
in späteren Schriften diesem Adel die hier verpönte G e -
w a l t h e r r s c h a f t übertragen und die übrigen Menschen
zur Sklaverei verurteilt hätte. Doch davon erhalten wir
bereits einen Vorgeschmack, wenn es (S. 305) heiſst:

›O meine Brüder, bin ich denn grausam? Aber ich
sage: was fällt, das soll man auch noch stofsen!‹ Einige
Zeilen weiter heifst es deutlich, dafs darunter nicht nur
Dinge, sondern auch Menschen gemeint sind. Schon
wenn sie Sachen meint, ist jene Regel leichtfertig-allgemein.
Auf Menschen angewandt aber ist sie schlecht! Was
fällt, soll man vielmehr heben!

Diese durch 30 Abschnitte hin ausgedehnten, wie leicht
zu sehen, höchst ärmlichen und nichtssagenden ›neuen
Tafeln‹ enden höchst bezeichnend mit dem Gebote (S. 312):
›Werdet hart!‹ Braucht man das dem Menschen wirk-
lich zu sagen, der (nach S. 318) bereits das grausamste
Tier ist?

Doch, was soll man anderes erwarten von Zarathustra,
der sofort nach Beendigung seiner ›Tafeln‹ wahnsinnig
wird?

›Eines Morgens (S. 314 f.) sprang Zarathustra von
seinem Lager auf wie ein Toller, schrie mit furchtbarer
Stimme und gebärdete sich, als ob noch einer auf dem
Lager läge, der nicht davon aufstehen wolle‹ u. s. w.

Dieser gräfsliche Ausbruch von Tobsucht endet mit
den Worten: ›Heil mir, du kommst (sein abgründlichster
Gedanke nämlich), — ich höre dich! Mein Abgrund redet,
meine letzte Tiefe habe ich ans Licht gestülpt. Heil mir!
Heran! Gieb die Hand — — ha! lafs! Haha! — — Ekel,
Ekel, Ekel — — wehe mir!‹

Dann stürzt er nieder gleich einem Toten!

Tiefe Wehmut überfällt uns bei diesem Vorzeichen!

Um so tiefere, als auch, nach seiner Beruhigung und
nach dem klassisch schönen Liede der Sehnsucht an die
Seele, das an ›das Leben‹ gerichtete und dieses als reizen-
des Mädchen personifizierende, reich dichterische ›andere

Tanzlied‹ (S. 328 ff.) bei aller Schönheit der Sprache
dem dionysischen Rausch über die apollinische Klarheit die
Oberhand einräumt.

Doch der dritte Teil schliefst, ruhiger und ergreifend,
mit dem schönen Liede, dessen Kehrvers heifst: ›Nie noch
fand ich das Weib, von dem ich Kinder mochte, es sei
denn dieses Weib, das ich liebe: denn ich liebe dich,
o Ewigkeit!‹ Warum, warum nicht immer so?

———

VON GESPENSTERN.

*»Mit euch verdürbe ich mir jeden Sieg
noch. Und mancher von euch fiele schon
um, wenn er nur den lauten Schall meiner
Trommeln hörte.«*

(*Zar. S. 410.*)

Der vierte und letzte Teil von Nietzsches »Zarathustra«
war ursprünglich nicht für die Öffentlichkeit bestimmt, und
es wäre besser, er wäre ihr entzogen geblieben. In den
drei ersten Teilen wechseln einige sehr schöne Stellen mit
den teils schwachen, teils falschen, teils bösartigen ab, die
wir bekämpfen mußten. Es tritt der Weg zur Geistesnacht
nur stellenweise hervor; im vierten Teil aber ist die Tollheit völlig ausgebrochen. Sogar H. Gallwitz, der die
Wirkung der drei ersten Bücher »erhebend« findet (wir
größtenteils nicht!), bedauert, daß dieselbe durch
den possenhaften Ausgang ernstlich bedroht sei (Friedr.
Nietzsche S. 226). Max Zerbst dagegen träumt (Nein
und Ja S. 49 Note) von einer »herrlichen Komposition«!!!
Risum teneatis!

Dieser Zustand der Tollheit beginnt mit dem »Notschrei« (S. 349 ff.). Einen solchen hört Zarathustra. Ein
Wahrsager behauptet, es sei der »höhere Mensch«, der nach
ihm schreie. Über diesen Namen erschrickt derselbe Zarathustra, der den »Übermenschen« verkündete, was doch
ungefähr dasselbe oder ein Besseres sein sollte, und —

zittert! Er fürchtet wohl einen Nebenbuhler des ›Übermenschen‹, faſst sich jedoch bald und will den ›höhern
Menschen‹ suchen.

Auf seinem Wege trifft er nun allerlei kuriose Heilige,
erst zwei Könige mit einem Esel, die aus Ekel am ›Pöbel‹
ihre Lande verlassen haben. Der Esel sagt dazu: I-A (und
dies wird in Zarathustras viertem Teile ein mit Wohlgefallen
breitgetretener Hauptwitz).

Zweitens findet Zarathustra einen Kerl, der im Sumpfe
liegt und Blutegel an sich saugen läſst, um sie auf diese
Weise zu fangen! Er nennt sich den ›Gewissenhaften des
Geistes‹ und redet verwirrtes Zeug, das einen verborgenen
symbolischen Sinn haben mag (vielleicht Satire auf gelehrte
Specialisten?).

Drittens stöſst Zarathustra auf einen Zauberer, der ›die
Glieder warf wie ein Tobsüchtiger‹, so daſs Zarathustra in
ihm den ›höheren Menschen‹ wittert. Er jammert in wild
phantastischen Versen um seinen verlorenen Gott. Zarathustra nennt ihn Schauspieler und Falschmünzer, schlägt
ihn mit dem Stocke und beschimpft ihn (der weise Zarathustra!).

Die vierte Begegnung ist die mit einem ›langen
schwarzen Mann‹, dem Zarathustra, in der Meinung, einen
Priester vor sich zu haben, den Fluch entgegen schleudert,
daſs ihn der ›Teufel‹ holen möge. Merkwürdigerweise
glaubt der ›weise‹ Zarathustra, der Gott verwirft, an einen
Teufel. Und dieser Teufelsgläubige und Flucher soll der
Verkünder des ›Übermenschen‹ sein!! Der schwarze Mann
entpuppt sich aber als ›der letzte Papst‹ und behauptet,
er habe ›den letzten frommen Menschen‹ gesucht, der
noch nichts davon gehört habe, daſs der ›alte Gott‹ tot
sei, aber ihn ebenfalls tot gefunden.

Ein atheistischer Papst, — auch nicht übel! Indessen zu Ende des 15. und Anfang des 16. Jahrhunderts auch schon dagewesen, blofs nicht auf Dauer. Dieser letzte Papst aber weifs nicht nur, dafs Gott tot sei; er erzählt auch seine Lebensgeschichte wie die eines Menschen und lästert ihn überdies (»Zu einem Sohne sogar kam er nicht anders als auf Schleichwegen. An der Tür seines Glaubens steht der Ehebruch«). Er sei schliefslich, einer wackeligen, alten Grofsmutter ähnlich, im Ofenwinkel gesessen, welt-müde, willensmüde, bis ihn das Mitleiden mit den Menschen erstickt habe (S. 378 f.)! Zarathustra sucht ihn darin noch zu bestärken.

Wir finden es einfach verrückt, etwas, an das man n i c h t glaubt, zu lästern, was doch voraussetzt, dafs es Wirklichkeit — wenigstens gehabt hätte. Entweder glauben und verehren oder nicht glauben und mit Gründen be-kämpfen! Ein drittes giebt es nicht, aufser im Irrenhause!

Nietzsche hält s i c h, d. h. seinen Zarathustra, und seine Verehrer halten i h n in allem Ernste für »fromm aus Gottlosigkeit«. Eine solche Begriffsverwirrung ist unerhört. Wer keinen Gott braucht, bedarf auch keiner Frömmigkeit. wenn er nicht mit Worten spielen will! Auch d e r bedarf ihrer nicht, der für die kleine Erde einen Specialgott, den Übermenschen, erfindet und das übrige Weltall sich selbst überläfst!

Den fünften Fang macht Zarathustra an einem Subjekt, das er den »häfslichsten Menschen« nennt, — ein ver-krüppeltes, kaum menschlich zu nennendes Geschöpf, das, statt zu reden, nur gurgelt und röchelt. Seine korrumpierte Phantasie erkennt in ihm — den Mörder Gottes; er wurde dies, weil er Gott als Zeugen seiner Häfslichkeit nicht ertrug!

Wir haben also zwei verschiedene Aussagen; der letzte Papst sagte, das Mitleid mit den Menschen habe Gott erwürgt, der häfslichste Mensch aber behauptet, e r habe Gott getötet. Wer hat recht? Ja, das bleibt Nietzsche-Zarathustras Geheimnis!

»Mitleiden ist zudringlich; Mitleiden geht gegen die Schatten; die Mitleidigen haben keine Ehrfurcht vor grofsem Unglück,« so spricht der häfslichste Mensch (S. 385).

Es ist grofsartig, welche Mühe sich Nietzsche giebt, das Mitleiden zu bekämpfen. Harte Menschen (wie er sie auch haben will) werden ihm dankbar dafür sein, dafs er ihnen diesen bequemen Vorwand liefert, nicht mitleidig zu sein.

Man sagt, Nietzsche habe nur das Mitleiden von s i c h s e l b s t ablenken wollen, weil er sich dessen schämte. Dies konnte er ja, aber es anderen zu mifsgönnen, dazu hatte er keinen Grund. Und diese geheime Herzensregung brauchte er nicht zu veröffentlichen; denn es wird nur Mifsbrauch damit getrieben.

Eine sechste Erwerbung macht Zarathustra an einem Bettler, der den Kühen predigt, wie einst der heilige Franz von Assisi, und das Evangelium in folgender geschmackloser Weise parodiert:

»So wir nicht umkehren und werden wie die Kühe, so kommen wir nicht in das Himmelreich. Wir sollten ihnen nämlich eins ablernen, das Wiederkäuen (!).«

»Und wahrlich, wenn der Mensch auch die ganze Welt gewönne und lernte das Eine nicht, das Wiederkäuen, was hülfe es, er würde nicht seine Trübsal los.«

Die siebente Suche bringt Zarathustra — seinen Schatten! Mit diesem Schatten parodiert Nietzsche sich selbst, wozu er wohl die meiste Ursache hatte. Sein eigenes Leben und

Ringen verspottet er damit, und das Resultat ist sein Wahlspruch (S. 397):

>Nichts ist wahr, alles ist erlaubt.<

Es ist rührend, wie sich Nietzsches Jünger abgemüht
haben, diesen Spruch zu drehen und zu wenden. Nützt
alles nichts; denn hier hat er doch ausnahmsweise klar
gesprochen. Er hat aus seinem Leben die Lehre gezogen,
daß man keiner Wahrheit trauen und keinem Gebote folgen
solle, sondern sich von seinem souveränen Geiste über alles,
was jemals die Menschen band, hinwegsetzen lassen dürfe.
Es ist der Ausbruch des traurigsten Pessimismus, und wenn
Nietzsches Jünger ihn einen Optimisten, einen Jasager zum
Leben nennen, so haben sie eben nicht gemerkt, daß sein
>Lachen< und >Tanzen< nur eine künstliche Betäubung der
innerlich trostlosesten Stimmung war, die man sich — will
man nicht sein Nachbeter sein — nicht anders erklären
kann als den langsam hinter ihm herschleichenden und
immer mehr Boden in ihm gewinnenden Wahnsinn.

Der Schatten Zarathustra-Nietzsches ist
nichts anderes als die Geistesnacht.

Armer Mann, wir fühlen tiefstes Mitleiden mit dir und
hätten ihm am liebsten nach deiner Lehre durch Still-
schweigen Ausdruck gegeben, wenn nicht die böse Saat
deines gottlosen Schattens eine Ernte gezeitigt hätte, die
in zahlreichen Schriften unnennbares Unheil anrichten würde,
wenn man sie nicht rastlos bekämpfte. Sie sollen uns nur
nicht kommen und höhnen, wir hätten den >Meister< falsch
verstanden. Ihre eigenen Schriften zeigen, wie sie ihn
verstanden haben, und das ist eine Sammlung von Widersprüchen!

Zarathustra hat nun glücklich (den Wahrsager und
den zweiten König dazu gerechnet) neun sonderbare Ge-

sellen in seiner Höhle versammelt, angeblich »höhere Menschen«, in Wahrheit Schemen ohne Fleisch und Blut, ohne Namen und Charakter, — Gespenster!

Sie sind es, die den »Notschrei« ausgestoſsen haben, — vor Ekel an der Welt und vor Sehnsucht nach Befreiung davon — durch Zarathustra. Er aber hält nicht viel von ihnen; er wartet auf andere, Höhere, Stärkere, Sieghaftere, Wohlgemutere, auf »lachende Löwen« (S. 411), d. h. mit einem Worte auf die von ihm erfundenen Übermenschen. Es sind die Leute der Herrenmoral, die Harten, Mitleidlosen, die die Fallenden noch stoſsen, denen nichts wahr und alles erlaubt ist, gerade heraus gesagt — die Anarchisten und Verbrecher! Nicht die gemeinen allerdings, aber jene, die ihre »Taten« mit einem gewissen Nimbus zu umgeben wissen, so daſs oberflächliche Seelen sie anstaunen.

Zarathustra ladet seine gespenstigen Gäste zum »Abendmahl«. Das Gespräch dabei bildet eine bis zum Ekel getriebene Wiederholung des schlechten Witzes, daſs Gott tot sei, und daſs der Übermensch leben solle. Die Reden der »Einleitung« kehren beinahe wörtlich wieder; doch auch hier wird nichts Näheres vom Übermenschen gesagt.

»Das Böse ist des Menschen beste Kraft«; »der Mensch muſs besser und böser werden«; »das Böseste ist nötig zu des Übermenschen Bestem«, wird da gelehrt. (S. 420.) Nur ekeln kann uns vor den »Auslegungen« dieses Bösen. Wenn man nicht miſsverstanden werden will, muſs man eben reinen Wein einschenken!

Zarathustra predigt seinen Gästen weiter: »Ich erfreue mich der groſsen Sünde (welcher?) als meines groſsen Trostes (!)« . . . »Immer mehr, immer Bessere euerer Art sollen zu Grunde gehen, — denn ihr sollt es immer

schlimmer und härter haben. So allein wächst der Mensch
in die Höhe, wo der Blitz ihn trifft und zerbricht (!)« ...
»Ihr leidet mir noch nicht genug! Denn ihr leidet an euch,
ihr littet noch nicht am Menschen.« »Diesen Menschen
von heute will ich nicht Licht sein, nicht Licht heifsen.
Die — will ich blenden; Blitz meiner Weisheit! stich
ihnen die Augen aus!« ... »Ist dies Heute nicht des
Pöbels?« ... »Das ,für den Nächsten' ist die Tugend nur der
kleinen Leute« ... Eine ebenso langweilige als widerwärtige
Predigt, deren kurzer Sinn ist, den Gesichtskreis der »kleinen
Leute«, der doch keineswegs mafsgebend ist, der gesamten
Kultur unserer Zeit unterzuschieben, als ob noch keine
aufsergewöhnlichen grofsen Geister aufgetreten wären, ehe
Nietzsche-Zarathustra erschien!

Das einzige Pikante ist, dafs Zarathustra (S. 427)
Christus lästert; er sei vom Pöbel, faselt er und weifs
nichts Besseres von ihm zu sagen, als: er habe Heulen und
Zähneklappern verheifsen und gesagt: »Wehe denen, die
hier lachen (!!!).«

Zarathustra verläfst wiederholt die Höhle, um frische
Luft zu schöpfen, denn seine Gäste haben sie ihm verdorben. Nachdem diese genug Wein getrunken haben und
berauscht sind, lachen und lärmen, schreien und toben sie,
singen wilde Dithyramben mit viel »Ha ha« und »Hu hu«,
und zuletzt führen sie eine schändliche Posse auf; sie beten
nämlich den Esel an und dieser schreit die Responsorien
mit I-A. Es ist eine ganz elende Verhöhnung des Christen-
tums. (S. 453 f.)

Zarathustra selbst ist erbost über diese Wirkung seiner
gottlosen Reden und stellt die Eselsanbeter zur Rede, worauf
der »letzte Papst« sich damit entschuldigt, es sei besser,
Gott (!) in dieser Gestalt anzubeten, als in gar keiner, —

derselbe letzte Papst, der die Ansicht ausgesprochen, dafs Gott tot sei!!!

Aber jetzt kehren diese sauberen ›höheren Menschen‹ zu ihm unter Eselsgestalt zurück; es soll, wie einer von der Bande sagt, die Gestalt sein, unter der ihm Gott am glaubwürdigsten dünke!

Das Dümmste aber ist, dafs Zarathustra, der sich über die Eselsanbetung so sehr entrüstete, am Ende seinen Gästen rät, das ›Eselsfest‹ wieder zu feiern, und zwar — zu s e i n e m Gedächtnis! (S. 460.)

Dann auf einmal werden alle wieder ernst, und Zarathustra singt den Dithyrambus, der nicht mit Unrecht ›das trunkene Lied‹ heifst und eine Paraphrase jener elf Glockenverse bildet, von denen die Nietzscheaner ungeachtet des Mangels an Zusammenhang und Sinn so sehr entzückt sind. Die kurze Bedeutung ist: ›dem Schmerze wünscht man Vergehen und der Lust Ewigkeit‹. Etwas Selbstverständlicheres kann es wohl kaum geben; die Ewigkeit ist aber nicht ›tief‹, wie Nietzsche singt, sondern weiter nichts als — ewig. Auffallend ist, wie häufig das Wort ›tief‹ hier angewandt wird: die Mitternacht, der Traum, die Welt, das Weh, die Lust und die Ewigkeit, all dies ist in elf Zeilen ›tief‹. Kein Wunder, dafs viele Leute Nietzsches Werke überhaupt für tief gehalten haben.

Ja, wenn das Unverständliche tief ist!

II.

›JENSEITS VON GUT UND BÖSE.‹
›ZUR GENEALOGIE DER MORAL.‹
›GÖTZENDÄMMERUNG.‹

›Man braucht die Nietzscheaner nicht so ernsthaft zu
nehmen wie Nietzsche selbst. Die ›Herrenmoral‹ ist, bei
Lichte besehen, ein reiner Widersinn. Wenn ›Herren‹
Lotterbuben werden, so handelt es sich eben um keine
Herrenmoral, sondern um eine Lotterbubenmoral.‹
                Dr. Julius Duboc (Anti-Nietzsche S. 46).

›Sein Werk war aussichtslos, weil ihm als sittliche
Kraftquelle nur sein eigenes isoliertes Ich übrig blieb, das
er künstlich gegen die Befruchtung durch den Geist Gottes,
der Natur und Geschichte beseelt, abgesperrt hatte. Damit
hat er sich das Verständnis der Gegenwart, Vergangenheit
und Zukunft verschlossen, er hat einen Titanenkampf geführt mit Gemeinheit, Roheit und Schwäche in und um sich,
und, nicht ohne eigene Schuld, keine Helfer dabei gefunden,
so daß er frühzeitig ein hoffnungs- und haltloser, gebrochener
Mann geworden ist.‹
                Hans Gallwitz (Preuss. Jahrb. 1898).

Abkürzungen:

J. — »Jenseits von Gut und Böse«, 6. Auflage, 1896.
GM. — »Zur Genealogie der Moral«, 3. Auflage, 1894.
Gd. — »Götzendämmerung«, 5. Auflage, 1896.

Die Zahlen bedeuten die Seiten dieser Auflagen.

———————

WAS IST WAHRHEIT?

›Ich gehöre nicht zu denen, die man
nach ihrem Warum fragen darf.‹
(Zar. S. 186.)

Nietzsche beginnt das erste seiner wesentlich polemischen
Werke (die eine weitere Ausführung und Verschärfung des
›Zarathustra‹ bilden), das Buch ›Jenseits von Gut und
Böse‹, mit einem Kampfe gegen die Wahrheit. ›Die
Wahrheit‹ ist ein abstrakter Begriff, der für sich allein,
ohne nähere Bestimmung, keinen Inhalt hat. Es kann nur
eine Wahrheit bestimmter Gedanken oder Aussagen geben,
und wenn man nach Wahrheit strebt, den Willen zur
Wahrheit hat, so will man erfahren, ob bestimmte Gedanken
oder Aussagen wahr oder falsch sind. ›Was in uns,‹ fragt
Nietzsche (J. 9), ›will eigentlich ‚zur Wahrheit'‹?‹ Einfach
die Erkenntnis des Irrtums. Erkennen wir z. B., daß die
Aussagen A und B unvereinbar sind, einander diametral
widersprechen, so wollen wir wissen, was denn das Wahre
ist, ob A oder B oder am Ende gar keines von beiden,
sondern C. Das ist Streben nach Wahrheit, das der
Wille zur Wahrheit. Nietzsche fragt nach dem Werte
dieses Willens und spricht die merkwürdigen Worte:
›Gesetzt, wir wollen Wahrheit; warum nicht lieber
Unwahrheit? und Ungewißheit? selbst Unwissenheit?‹
(J. 9.) Man kann immer nur das wollen, dessen Gegen-

teil man kennt, oder dessen Mangel man fühlt, was dasselbe ist, z. B. essen nur, wenn man den Hunger, trinken nur, wenn man den Durst kennt oder fühlt. Unwahrheit könnte man also nur wollen, wenn man die Wahrheit, Ungewiſsheit, wenn man die Gewiſsheit, Unwissenheit, wenn man das Wissen kennt. Alle diese drei Ziele aber könnte nur ein Wahnsinniger wollen! Haben wir z. B. erkannt, daſs $3 \times 3 = 9$, daſs die Sonne heiſs, der Schnee weiſs ist, daſs alle Vögel Federn haben und Eier legen, daſs Berlin an der Spree und Paris an der Seine liegt, daſs Caesar ermordet, daſs Napoleon bei Leipzig geschlagen wurde, — wie wäre es denkbar, daſs uns ein Verlangen käme, Ansichten zu gewinnen, die diesen oder anderen dieser Art widersprechen? Wahrscheinlich dachte aber Nietzsche gar nicht an ausgemachte, bewiesene, sondern nur an behauptete Wahrheiten! Solche sind jedoch keine Wahrheiten, sondern bloſs Behauptungen oder Vermutungen, Hypothesen. Die Kirche z. B. betrachtet die Dreieinigkeit als eine Wahrheit; die Aufgeklärten betrachten sie als eine Erfindung. In solchen dogmatischen Fragen kann nicht absolut, sondern nur relativ, nur vom Standpunkte einer gewissen Richtung aus von Wahrheit die Rede sein, und für Nietzsche, der an kein Dogma glaubt, am allerwenigsten. So verhält es sich auch mit wissenschaftlichen Hypothesen, wie z. B. dem Darwinismus, mit historischen Streitfragen, wie z. B. der Tellsage, der Schuld oder Unschuld Maria Stuarts oder Wallensteins u. s. w. Hier kommt der Begriff der Wahrheit gar nicht in Frage; es sind Ungewiſsheiten. Es dürfte aber klar sein, daſs niemand nach solchen strebt, niemand sie will, sondern daſs jedermann in solchen Fragen nach der Wahrheit verlangt, oder, wenn für deren Gewinnung jede Aussicht schwindet, darauf verzichtet und sein Augenmerk auf bewiesene oder beweisbare Wahrheiten lenkt. Und endlich die Wahrheit von Tatsachen im Leben! Konnte Nietzsche da im Ernste glauben, eine uns vielleicht angenehmere Täuschung würde sich auf die Dauer gegenüber einer bittern Wahrheit festhalten lassen und nicht schliefslich von dieser entlarvt werden?

Nietzsche hat sich in seinen letzten Werken zum Vorsatze gemacht, alles, was jemals den Menschen als ehrwürdig oder achtungswert gegolten hat, mit Spott und Hohn herunterzureifsen: Gott, Religion, Geist, Gemüt, Herz, Mitleid, Liebe, Ehe, Staat, Recht, Moralität und was noch alles, sogar die Wissenschaft! Weifs man dies einmal, so dürfte Nietzsche eigentlich gar nicht ernst genommen werden, und es wäre überflüssig, gegen ihn zu schreiben, wenn nicht seine verkehrten und gefährlichen Lehren eine Schule teils verblendeter, teils frivoler Menschen »herangezüchtet« hätten (um eines seiner Lieblingswörter zu brauchen), von der aus ein verderblicher Hauch über die Welt sich ausbreitet. Leider können die verblendeten und wollen die frivolen Nietzscheaner die bodenlose Oberflächlichkeit der Urteile ihres Meisters und die kecke Stirne, mit der er jene in die Welt setzte, nicht durchschauen, und es werden fortdauernd die wirren Phantasmen eines Wahnsinnigen, der dies bereits seit dem Beginne des Zarathustra teilweise war, als »tiefe« Weisheit angestaunt!

Schon der eine Satz beweist die Richtigkeit dessen, was wir hier sagten, der nämlich, in dem Nietzsche (J. 12 f.) sagt: »dafs die falschesten Urteile uns die unentbehrlichsten sind, dafs ohne ein Geltenlassen der logischen Fiktionen, ohne ein Messen der Wirklichkeit an der rein erfundenen Welt des Unbedingten, Sichselbst-Gleichen, ohne eine beständige Fälschung der Welt durch die Zahl der Mensch

nicht leben könnte, — daſs Verzichtleisten auf falsche Urteile ein Verzichtleisten auf Leben, eine Verneinung des
Lebens wäre.‹

Welche falschen Urteile sollen zum Leben notwendig
sein? Wenn das nicht herausgesagt und begründet werden
kann, so ist und bleibt es Unsinn! Das merken jedoch
die Nietzscheaner nicht; denn des ›Meisters‹ kataraktartiger
Wortschwall verhindert sie am ruhigen Denken, und so
übersehen sie die zwischen bogenlange Erörterungen über
nichts eingestreuten Giftbrocken und denken: ›Da Alles
tief ist, so muſs auch das Einzelne tief sein.‹

Durch seinen blinden Eifer gegen alle Wahrheit ist
indessen Nietzsche dahin gelangt, selbst an dem, was
sonnenklar erwiesen ist, irre zu werden und es keck weg-
zuleugnen. Er sagt (J. 22), Kopernikus habe uns über-
redet (!), zu glauben, wider alle Sinne, daſs die Erde nicht
feststeht.‹ — Gegen alle Sinne? Bieten denn die Sinne jemals
die Wahrheit dar? Ist nicht alles, was sie uns vorspiegeln,
trügerisch? Sind etwa Gegenstände, die wir in der Ferne
sehen, so klein, wie sie uns erscheinen? Bewegen sich
etwa Bäume und stehende Eisenbahnzüge, an denen wir
vorbeifahren? Folgt etwa der Donner dem Blitze wirklich
nach, wie wir meinen? Und so ist auch die scheinbare
Bewegung der Weltkörper um die Erde nur eine Sinnes-
täuschung, nicht eine Sinneswahrnehmung!

Die Sinne müssen stets durch die forschende Wissenschaft korrigiert und erläutert werden. Erst dann werden
uns ihre Bilder zur Wahrheit. Die Entdeckung des
Kopernikus ist denn auch durch Sinneswahrnehmungen
mittels des Fernrohrs und durch astronomische Berech-
nungen bestätigt worden; nur sind wir über ihn hinaus-
geschritten, indem wir erkannt haben, daſs auch die Sonne

nicht still steht, sondern sich wie alle sogenannten Fixsterne
bewegt. Selbst Nietzsche, der sich bekanntlich aus Widersprüchen nichts macht, hat dies anerkennen müssen, da wo
er (J. 208) die Bewegung der Sonne gegen das Sternbild
des Herkules begrüßt (darüber weiter unten noch ein Wort).
Trotzdem ist er später auf seine Polemik gegen Kopernikus
zurückgekommen, indem er (GM. 190) sagt: ›Ist nicht
gerade die Selbstverkleinerung des Menschen, sein Wille
zur Selbstverkleinerung seit Kopernikus in einem unaufhalt-
samen Fortschritte? Ach, der Glaube an seine Würde,
Einzigkeit, Unersetzlichkeit in der Rangabfolge der Wesen
ist dahin, er ist Tier geworden, er, der in seinem früheren
Glauben beinahe Gott war . . . Seit Kopernikus scheint der
Mensch auf eine schiefe Ebene geraten — er rollt immer
schneller nunmehr aus dem Mittelpunkte weg — wohin?
ins Nichts? . . .‹ Nein, der Mensch ist auf keine schiefe
Ebene geraten, wenn er der Wahrheit in Hinsicht auf die
Ordnung im Weltall näher kommt; aber Nietzsche rutscht
auf der schiefen Ebene seiner Vorurteile immer tiefer hinab
in das Nichts der von ihm gepriesenen Unwahrheit, Ungewißheit und Unwissenheit.

Denn es ist gewiß für diesen ›freiesten aller Geister‹
(wofür er sich hielt) ein kolossales Vorurteil, daß der Mensch
des Planetchens Erde das höchste Wesen im gesamten Weltall
sein müsse! Und hatte er ganz vergessen, daß er im
›Zarathustra‹ (oben S. 14) den Menschen als Abkömmling
des Affen, als ›ein Gelächter und eine schmerzliche Scham‹
für den hypothetischen Übermenschen behandelte? War das
nicht eine weit t i e f e r e Herabwürdigung des Menschen,
als sie dadurch, daß sein Planet nicht der Mittelpunkt der
Welt ist, bewirkt worden sein soll? Er, der, wie wir
weiterhin sehen werden, 99 Hundertstel, vielleicht noch

mehr, dieser ›Halbgötter‹ zu rechtlosen Sklaven erniedrigen wollte, durfte e r von Würde des Menschen als solchen auch nur ein Wort sagen?

Hat wohl Nietzsche, fügen wir bei, den geheimen Gedanken gehegt, daſs in dem Zukunftsreiche des Übermenschen die vorkopernikanische Weltanschauung wieder hergestellt werden sollte? Wir halten dies für sehr wahrscheinlich und dem Gebahren der geträumten künftigen Herrenrasse durchaus angemessen. —

Wie leichtfertig und gedankenlos Nietzsche mit der Wahrheit umsprang, mögen folgende Stellen seiner Werke zeigen, in denen er sich nach Belieben bald zu Gunsten, bald zu Ungunsten der Wahrheit aussprach.

I. Stellen, welche die Wahrheit feiern:

›Wahrheit reden und gut mit Bogen und Pfeil verkehren, so dünkte es jenem Volke zugleich lieb und schwer, aus dem mein Name kommt (den Persern, Zar. S. 85).‹

›Niemand lügt so viel als der Entrüstete.‹ (J. 46.)

›Was liegt dem Weibe an Wahrheit? Seine groſse Kunst ist die Lüge!‹ (J. 192.)

›Es ist ein Grundglaube aller Aristokraten, daſs das gemeine Volk lügnerisch ist. ‚Wir Wahrhaftigen‘, so nannten sich im alten Griechenland die Adeligen.‹ (J. 240, ähnlich GM. 23 f.)

II. Stellen, welche die Wahrheit verwerfen:

›Gesetzt wir wollen Wahrheit; warum nicht lieber Unwahrheit? und Ungewiſsheit? selbst Unwissenheit?‹ (J. 9.)

›Ja, was zwingt uns überhaupt zur Annahme, daſs es einen wesentlichen Gegensatz von ‚wahr‘ und ‚falsch‘ giebt?‹ (J. 55.)

›Unsere Gebildeten von heute, unsere ‚Guten‘ lügen nicht, das ist wahr; aber es gereicht ihnen nicht zur Ehre.‹ (GM. 169.)

›Nichts ist wahr, alles ist erlaubt; wohlan, das war Freiheit des Geistes, damit war der Wahrheit selbst der Glaube gekündigt.‹ (GM. 185.)

›Aber wie, wenn nichts sich mehr als göttlich erweist, es sei denn der Irrtum, die Blindheit, die Lüge, — wenn Gott selbst sich als unsere längste Lüge erweist?‹ (GM. 186 f.)

Daſs etwa in der einen dieser beiden Gruppen von Stellen unter der Wahrheit etwas anderes gemeint wäre als in der andern, läſst sich in keiner Art nachweisen. —

Es wäre unglaublich, wenn es nicht schwarz auf weiſs stände, daſs Nietzsche auf der schiefen Ebene seiner Verneinung der Wahrheit bereits von der Unwahrheit durch die Unwissenheit zur Dummheit herabgeglitten ist. Er sagt (J. 100), es sei ein Zeichen des starken Charakters, das Ohr auch für den besten Gegengrund zu schlieſsen, ›also ein gelegentlicher Wille zur Dummheit‹. Das ist nun nicht etwa bloſs ein verirrter Aphorismus; denn damit stimmt es wörtlich überein, wenn er (Gd. 68) sagt: ›Darwin hat den Geist vergessen, die Schwachen haben mehr Geist ... Man muſs Geist nötig haben, um Geist zu bekommen, man verliert ihn, wenn man ihn nicht mehr nötig hat. Wer die Stärke hat, entschlägt sich des Geistes.‹ Da ist kein anderer Schluſs möglich, als daſs die ›Starken‹ dumm sind! Es nützt Nietzsche auch nichts, den Geist zu definieren als ›die Vorsicht, die Geduld, die List, die Verstellung, die groſse Selbstbeherrschung‹ u. s. w. Nein, dreimal nein, — Geist ist und bleibt die Fähigkeit des Schaffens! Das ändert aber die traurige Tatsache nicht,

dafs Nietzsche sogar (Gd. 78 f.) von einem »Recht auf
Dummheit« spricht, wenn er dies auch zunächst als
»Recht auf reine Torheit« in der Kunst (Parsifal!) erklärt.

Die oben angeführten Stellen werden aber durch eine
weitere bekräftigt, in welcher Nietzsche (J. 208) »mit Ver-
gnügen hört, dafs unsere Sonne sich gegen das Sternbild
des Herkules hin bewegt, und hofft, dafs der Mensch es
darin der Sonne gleich tue.« Herkules heifst aber nichts
anderes als geistlose Körperstärke. (Man beachte an den
Statuen dieses Heros den auffallend kleinen Kopf auf dem
kolossalen Leibe!) Also eine Herrschaft von Athleten er-
sehnte er, der schwächliche Nietzsche! Wie wäre er dabei
gefahren und wie alle geistvollen, aber nicht muskulösen
Menschen? Arme und Schenkel als Ersatz des Gehirns, —
wahrlich nicht übel!!!

GRÖSSENWAHN.

*»Sein Licht ist trübe geworden, und der
Docht ist verkohlt.«*
Hans Gallwitz *(Pr. Jahrb. 1898).*

Nietzsche tut, wie er selbst sagt (J. 46), alles, um
schwer verstanden zu werden. Er bezeichnet dies sein
Streben, verglichen mit dem anderer Schriftsteller, durch
fremdartige Ausdrücke, die gewifs von seinen Anhängern
ehrfürchtig angestaunt werden, ohne dafs diese darüber
nachdenken oder nachforschen, woher diese geheimnisvollen
Wörter stammen. Er nennt nämlich seine eigene Art zu
denken und zu leben (wir verbessern hier die Orthographie):
gangá-sroto-gati (Sanskrit: so schnell, wie der Ganges
strömt), — die der anderen Menschen aber: *kûrma-gati*
(Sanskrit: so langsam, wie die Schildkröte schleicht) oder
besten Falles: *mandûka-gati* (nicht *mandeika-gati*, d. h.
Sanskrit: so überhüpfend, wie der Frosch springt) *). Also:

---

*) Gefällige Mitteilung von Herrn Prof. Dr. Kägi in Zürich.
Ihm verdanke ich auch die interessante Auskunft, dafs diese Ausdrücke sich auf die indische Musik beziehen (wie bei uns die
italienischen: allegro, andante u. s. w.). Nietzsche hat sie (sogar
die Druckfehler) aus der »Reise nach Ostindien«, von Prof. Julius
Jolly in Würzburg (Deutsche Rundschau 1884 und Separat-
abdruck daraus, S. 65) geschöpft. Die erste Auflage von
»J. v. G.u. B.« erschien 1886. Gati heifst wörtlich: Gangart
habend.

Nietzsches Art, zu denken und zu leben, daher wohl auch
zu schreiben, gleicht dem Laufe des Ganges und die der
übrigen Menschen und Schriftsteller dem Schleichen der
Schildkröte oder besten Falles dem Hüpfen des Frosches!
»Bescheidener« kann man wohl nicht sein! Nietzsche verwirft ebenso (J. 58) das populäre Reden (und wohl auch
Schreiben). In der strengen Wissenschaft läfst sich dies
hören. Aber sind denn Nietzsches Phantasiegebilde Wissenschaft? »Jeder tiefe Denker,« sagt er (J. 268), d. h.
natürlich vorab er selbst, »fürchtet mehr das Verstanden-
werden als das Mifsverstandenwerden«, angeblich aus Mitgefühl, welches immer spreche: »ach, warum wollt ihr es
auch so schwer haben wie ich?« Er will also nicht verstanden werden, damit andere sich nicht ebenso mit tiefen,
sie quälenden Gedanken beunruhigen. Aber ums Himmels-
willen, wozu schrieb er denn? Wozu gab er sich denn diese
vergebliche Mühe? Entweder will man verstanden werden,
oder man schreibt gar nicht, wenigstens nicht für die
Öffentlichkeit. Jedes dritte ist sinnlos.

Von dem Wunsche, nicht verstanden zu werden, bis zu
der Eitelkeit und Einbildung auf das Nichtverstandenwerden
ist nur ein Schritt, und diesen hat Nietzsche auch getan.
Es ist indessen erst der halbe Schritt, wenn er (GM. 12 f.)
sagt, er lasse niemanden als Kenner seines »Zarathustra«
gelten, den nicht jedes (!) seiner Worte irgendwann einmal
tief verwundet und irgendwann einmal tief entzückt hat;
erst dann dürfe man an seiner »sonnigen Helle, Ferne,
Weite und Gewifsheit ehrfürchtig (!) Anteil zu haben das
Vorrecht geniefsen.« Es bedürfe, meint er, zur Auslegung
seiner Aphorismen einer Kunst der Auslegung! Dies ist
wohl teilweise richtig; aber es ist zweifelhaft, ob seine Verehrer sich die Mühe genommen haben, sich diese Kunst

anzueignen. Das Blech, das sie zum Teil darüber schreiben, spricht nicht dafür.

Jene Eitelkeit und Einbildung auf das Nichtverstandenwerden ersteigt den denkbarsten Gipfel des Größenwahns da, wo Nietzsche sagt (Gd. 105): »Der Aphorismus, die Sentenz, in denen ich als d e r e r s t e unter Deutschen M e i s t e r b i n, sind die Formen der ‚Ewigkeit‘; mein Ehrgeiz ist, in zehn Sätzen zu sagen, was jeder andere in einem Buche sagt, — was jeder andere in einem Buche n i c h t sagt.«

Dann schließt er mit den Worten: »Ich habe der Menschheit das tiefste (!) Buch gegeben, das sie besitzt, meinen Zarathustra: ich gebe ihr über kurzem »das unabhängigste« (d. h. die ‚»Umwertung aller Werte«, die bei dem ersten Teile, dem schon unzurechnungsfähigen »Antichrist«, stecken geblieben ist).

Auf der letzten Seite des letzten Buches, das noch nicht v ö l l i g der Geistesnacht verfallen ist (Gd. 114), nennt sich Nietzsche den letzten Jünger des Philosophen Dionysos, — den Lehrer der ewigen Wiederkunft!

Und die Nacht brach herein!

GEGEN SEIN VATERLAND.

*»Die Deutschen — man hiefs sie einst
das Volk der Denker: denken sie heute überhaupt noch?«*   (Gd. 49.)

Seit Börne und Heine hat kein Deutscher sein Vaterland
so heftig geschmäht, so tief heruntergesetzt und so scharf
angegriffen wie Nietzsche. Allerdings ist er halb von
polnischer Abkunft; allein sein Vater war evangelischer
Pfarrer, — ein Ding, das es in Polen nicht giebt. Dadurch
ist er germanisiert; er sprach und schrieb stets nur deutsch,
und in keinem andern Lande hat er annähernd so viel
Anhänger gefunden als (leider!) in Deutschland. Dies
vergilt er durch die ungerechtfertigtsten Angriffe auf sein
Vaterland. Ja er wirft diesem vor, was durchaus kein
Vorwurf, ja, eher ein Lob ist und sich geradezu von
selbst versteht. So schmäht er (J. 47 f.) die Deutschen, sie
seien des »Presto« (d. h. der Eilfertigkeit im Denken und
Schreiben — *gangā-sroto-gati?*) unfähig, der Buffo und
der Satyr seien ihnen fremd, Aristophanes und Petronius
unübersetzbar! Wir finden, es sei keine Schande für ein
Volk, keine Spaßmacher, Lästerer und Possenreißer zu
sein. Die beiden genannten antiken Schriftsteller aber sind
trefflich deutsch übersetzt. Überhaupt wo giebt es Über-
setzungsmeister, die den Deutschen vergleichbar wären?

Wenn Nietzsche irgend etwas an einem Deutschen mifsfiel, namentlich z. B. an Arthur Schopenhauer und Richard Wagner, von deren Gefolgschaft er mit so grofsem Lärm abgefallen ist, als wenn es eine Sache von welterschütternder Wichtigkeit wäre, ob Nietzsche Anhänger oder Gegner eines Systems oder einer Person war, so müssen für diese seine Sympathie, besonders aber Antipathie gleich die Deutschen als solche herhalten. (So J. 203 f.) Die Deutschen sind für Nietzsche nicht mehr tief, ja eigentlich nie gewesen, sondern seit Errichtung des neuen Reiches nur noch ›schneidig‹ (J. 208 ff.). ›Als ein Volk der ungeheuerlichsten Mischung und Zusammenrührung von Rassen (welches Volk ist nicht ebenfalls oder eher weit mehr eine solche?), vielleicht (sehr wissenschaftlich!) sogar mit einem Ubergewicht des (welches?) vor-arischen Elements, als ›Volk der Mitte‹ in jedem Verstande (d. h. wohl chinesenartig!), sind die Deutschen unfafsbarer, umfänglicher (?), widerspruchsvoller, unbekannter (??), unberechenbarer, überraschender, selbst erschrecklicher, als es andere Völker sich selber sind: sie entschlüpfen der Definition und sind damit schon die Verzweiflung der Franzosen (die armen Franzosen sind wirklich sehr zu beklagen!). Ganz neu ist, dafs Goethe seinen Faust nach Napoleon umgedacht haben soll. Höchst komisch wirkt, dafs an den Deutschen (J. 210) die Entdeckung des Begriffs der Entwickelung lächerlich gemacht wird. Natürlich; denn der ganze Nietzsche beruht auf einer Leugnung aller Entwickelung. Bei Nietzsche springt alles schon ganz fertig aus dem Kopfe, wie Athene aus Zeus' Schädel! Er gleicht hierin den Orthodoxen, für die auch jedes Dogma von Anfang an fertig ist, sich nicht entwickelt hat. ›Gutmütig und tückisch‹ ist Nietzsches Schlufsurteil über seine Landsleute. Was sagen seine An-

6*

beter zu diesem Kompliment? »Bäurische Gleichgültigkeit gegen Geschmack« wird ihnen ferner vorgehalten. Der übrigen Nietzscheschen etymologischen Possen höchst würdig ist seine Ableitung des Wortes »deutsch« von »täuschen«! Eine Leichtfertigkeit, ein »presto« ohne gleichen und ohne Möglichkeit der Verantwortung! Ja, Nietzsche geht so weit, die im Mittelalter in g a n z E u r o p a üblichen und grofsenteils aus dem r ö m i s c h e n R e c h t e stammenden barbarischen Strafen (GM. 65 f.), obschon sie seiner Vorliebe für Härte und Grausamkeit ausgezeichnet entsprechen, allein den Deutschen in die Schuhe zu schieben! Bekanntlich wurde bei diesen vor Einführung des römischen Rechts fast alles allzu milde mit Geldbufsen abgemacht!

Der Frage, »was den Deutschen abgeht«, widmet Nietzsche in der »Götzendämmerung« ein ganzes Kapitel (48—56). Freilich mischt er hier einiges Lob ein, das wir aber (wie alles andere in seinen Schriften, das uns nicht abstöfst) hier nicht berücksichtigen, weil wir nichts dagegen einzuwenden haben. Die Deutschen haben sich, meint er, seit beinahe einem Jahrtausend durch Alkohol, Christentum und Musik v e r d u m m t (wie gründlich!). Allerdings, der Alkohol ist tief zu beklagen; sein Verbrauch hat aber seit drei Jahrhunderten im Verhältnis zur Zunahme der Bevölkerung bedeutend abgenommen, während er bei anderen Völkern, die früher mäfsiger waren, stetig zunimmt. Das Christentum ist in Deutschland weniger dumm, d. h. wohl abergläubig, als im Süden und Westen Europas. Und die Musik! Darüber verlieren wir kein Wort!

Die deutsche Kultur soll (Gd. 51) niedergehen! Seit einigen Jahrzehnten ist in g a n z E u r o p a und A m e r i k a die Kultur im Niedergehen. Solche Schwankungen sind aber immer vorgekommen und berechtigen zu keinem ab-

schliefsenden Urteil. Es kann und wird wieder anders
werden! Der Staat, sagt Nietzsche, ist kulturwidrig (vgl.
oben S. 27 ff.); seitdem Deutschland Grofsmacht, sei Frank-
reich (das wohl keine Grofsmacht ist??) als Kulturmacht
emporgestiegen! Es ist belustigend, dieser Behauptung
eine andere desselben Verfassers gegenüberzustellen. Er
sagt nämlich (J. 224 f.): ›In der Tat wälzt sich heute im
Vordergrunde ein verdummtes und vergröbertes Frank-
reich, — es hat neuerdings, bei dem Leichenbegängnis
Victor Hugos, eine wahre Orgie des Ungeschmacks und
zugleich der Selbstbewunderung gefeiert (die emporgestiegene
Kulturmacht?). So oder so, — für Nietzsche g a n z e g a l!
Deutschland habe, sagt er weiter (Gd. 52), — keinen für
Europa mitzählenden Geist aufzuweisen! Welche aber Frank-
reich? Wir befinden uns, im ganzen Reiche der höhern
Kultur, momentan in einem hoffentlich vorübergehenden
Stillstande, und Deutschland ist dabei nicht schlimmer
daran als andere Länder und Völker!

Eines der charakteristischen Wahrzeichen dieser Ver-
fallsperiode (›D é c a d e n c e‹) ist gerade die Lehre Nietzsches
seit dem Erscheinen des ›Zarathustra‹. Ohne das Eintreten
einer ›Décadence‹ wäre es nicht möglich gewesen, dafs ein
Gehirnkranker einen solchen Anhang gefunden hätte wie
Nietzsche; es wäre eine Gemeinde hypnotisierter, denkträger
Leute niemals zu Stande gekommen. Nietzsche hatte also
alle Ursache, die Décadence zu begrüfsen, statt sie (Gd. 104)
zu schmähen.

ZUR GENEALOGIE DER MORAL.

*»Es ist viel zu viel Zauber und Zucker
in jenen Gefühlen des ,für andere', des
,nicht für mich', als dafs man nicht
nötig hätte, hier doppelt mifstrauisch zu
werden . . .«*   *(J. 53.)*

Nietzsches »Genealogie der Moral«, die sich nicht auf
das diesen Titel tragende Buch beschränkt, sondern durch
alle hier berücksichtigten drei Werke ihre Rolle spielt, ist
eine urgeschichtliche P h a n t a s i e. Sie zeigt lediglich, wie
Nietzsche, der sich um historische Forschung nicht im geringsten bekümmerte, sich die Urgeschichte v o r s t e l l t e.
Nur ein Hohlkopf kann sie für bare Münze nehmen; denn
ihr Zweck ist lediglich, dem heifsen Wunsche Nietzsches
Ausdruck zu verleihen, dafs in Zukunft eine barbarische
Herrenkaste sich gegen das unterdrückte Volk alles, was
ihr gut dünkt, erlauben dürfe.

Schon die erste Andeutung dieser Zukunftsphantasie
(J. 51 ff.) ist vielversprechend. Nietzsche behauptet, in der
prähistorischen Zeit »wurde der Wert oder Unwert einer
Handlung aus ihren Folgen abgeleitet: die Handlung an
sich kam dabei ebensowenig als ihre Herkunft in Betracht«;
es war »die rückwirkende Kraft des Erfolgs oder Mifs-
erfolgs, welche den Menschen anleitete, gut oder schlecht
von einer Handlung zu denken«. Diese Periode nennt

Nietzsche die vormoralische und fährt dann fort: ›In
den letzten zehn Jahrtausenden (man beachte diese chrono-
logische Angabe!) ist man hingegen ... so weit gekommen,
nicht mehr die Folgen, sondern die Herkunft der Handlung
über ihren Wert entscheiden zu lassen.‹ Das ist die moralische Periode, die also nach Nietzsches Chronologie
ungefähr 8000 Jahre vor Christus begonnen hätte! Nun
fragen wir: was in aller Welt wissen wir denn von der
Zeit vor zehn Jahrtausenden? Ja, was wissen wir überhaupt von der Moral der vorgeschichtlichen Zeit? Kann
sie etwa mit Skeletten, Waffen, Hausgeräten, Schmuck u. s. w.
aus der Erde hervorgegraben werden? Wir wissen von ihr,
wie von allem, wovon nicht materielle Zeugnisse aufgefunden
wurden, gar nichts, als was die Geschichte berichtet. Und
diese lehrt, daſs sich die Moral überall nach und nach
langsam entwickelt hat, daſs sie nicht zu einer bestimmten
Zeit entstanden ist, und daſs das vor- oder besser unmora-
lische Element durch sie keineswegs ganz beseitigt wurde,
sondern neben ihr, als Atavismus aus vorgeschichtlicher
Zeit, fortlebte und noch heute fortwirkt. Nietzsche möchte
es aber unter einem neuen Namen zum künftig herrschenden Element werden sehen! Er nennt die moralische
Periode einen verhängnisvollen neuen Aberglauben, ein
Vorurteil, sich selbst und seine Anhänger Immoralisten.
Er hält es für eine Notwendigkeit, ›uns nochmals über eine
Umkehrung und Grundverschiebung der Werte schlüssig
zu machen‹; er verlangt eine dritte, aufsermoralische
Periode, in welcher das Handeln aus Absicht wegfallen
und nur das unabsichtliche Wert haben soll. Die Absichten-
moral stellt er auf gleiche Stufe wie die Astrologie und
Alchemie! Was aber nach ihrer ›Überwindung‹ an ihre
Stelle treten soll, das bleibt, wie alles bei Nietzsche, un-

klar, — ebenso unklar wie der Grund, der die Menschheit dazu bewegen soll, mit ihrer bisherigen Moral zu
brechen und eine neue mit dem Schlagworte der Unabsichtlichkeit an ihre Stelle zu setzen. Nach unserer Meinung
und gewiſs auch nach derjenigen der meisten unbefangenen
civilisierten Menschen ist ein Bedürfnis dazu nicht vorhanden, und nicht nur das, sondern Nietzsches Verlangen
ist geradezu unsinnig. Denn bei einer unabsichtlichen
Handlungsweise fällt alle Verantwortlichkeit weg. Ohne
Verantwortlichkeit aber giebt es keine Moral und daher
auch keine Immoralität. Wenn ich z. B. jemandem das
Leben unabsichtlich rette, bin ich nach Nietzsche zu loben,
wenn ich es aber absichtlich tue, dann nicht, wenn nicht
gar zu tadeln. Damit geriete man in die bodenlosesten
Verkehrtheiten! In noch grössere aber, wenn gefragt wird,
wie die schlechten, d. h. verderblichen und schädlichen
Handlungen, z. B. etwa das Gegenteil einer Lebensrettung
— eine Tötung —, zu beurteilen sein sollen! Haben denn
die etwa auch einen Wert? Oder etwa einen Unwert?
Und fiele auch dieser bei der Absicht weg? Oder? . . .

Leider schweigt Nietzsche hierüber. Er mochte seine
Gründe haben, an dieser Stelle nicht Farbe zu bekennen;
er tut es aber an anderen Stellen und mit anderen Worten,
aus denen für den denkenden Leser klar genug hervor-
geht, daſs die Handlungen, die wir den guten entgegen-
setzen, für ihn denselben Wert, wenn nicht einen höhern
haben als die, welche wir gut nennen. So erklärt er sich
schon gleich nach jener Stelle (J. 53) als den ingrimmigsten
Feind aller ›Gefühle der Hingebung, der Aufopferung für
den Nächsten‹, sowie der ›ganzen Selbstentäuſserungs-
moral‹. Und an einem andern Orte (Gd. 87) meint er gar:
›Die starken Zeiten, die vornehmen Kulturen sehen im

Mitleiden, in der ‚Nächstenliebe‘, im Mangel an Selbst und
Selbstgefühl etwas Verächtliches.‹ Wir fragen aber: Giebt
es überhaupt eine andere Moral als die der Nächstenliebe?
Das Ich bedarf keiner Liebe; es hilft sich von selbst. Wie
kann man Gutes tun, wenn man es nicht anderen tut? Ist
etwa das Selbstgefühl, welches sogar das Tier hat, ein
Verdienst und nicht vielmehr von Natur gegeben? Ist gar
die alleinige Rücksicht auf sich selbst etwa nicht gleich-
bedeutend mit der Schädigung anderer? Anderen zum
eigenen Schaden Gutes tun, wird ohnehin niemandem ein-
fallen, ausgenommen aus vollständigster Gedankenlosigkeit;
man braucht es daher auch nicht einzuschärfen. Eine Predigt des Egoismus, wie sie Nietzsche verübt, ist das Über-
flüssigste, was sich denken läfst, und würde nur dahin führen,
das Gute überhaupt zu unterlassen. Sich selbst vernach-
lässigt doch wohl selten jemand, wenigstens nicht in unserer
Zeit; in dieser wird ein solcher ja einfach als Schwein betrachtet. Also wozu der Lärm? Wer aber nur an sich
und nicht an andere denkt und nur für sich, nicht aber
für andere sorgt, wird als Egoist verachtet, als Wucherer
verabscheut, als Spitzbube verhaftet und verurteilt, und das
mit Recht!

Wir unsererseits sagen daher: wir wollen weder vom
Egoismus, noch vom (völlig selbstlosen) Altruismus etwas
wissen, sondern empfehlen die Rücksicht auf das Gemeinwohl, bei welcher sowohl dem Ich, als dem andern geholfen wird.

Mit dem nicht richtig angewandten Altruismus, der
übrigens selten ganz ohne Egoismus ist, fällt das übel an-
gewandte Mitleiden zusammen. So ferne wir davon
sind, dieses als solches in allgemeiner Weise predigen zu
wollen, so verwerflich erscheint uns die im gegenteiligen

Sinne und ebenso allgemein gehaltene Verdammung des
Mitleidens durch Nietzsche (oben S. 63, J. 175 u. 255 ff.,
GM. 9 f.). Das Richtige wird sein, in solchen Dingen nicht
mit allgemeinen Redensarten um sich zu werfen, sondern
in jedem Falle zu prüfen, ob das Mitleiden am Platze ist,
und sich selbst zu fragen, ob nicht damit eine Sucht, sich
beliebt zu machen, mitspielt. Aus Nietzsche sprach in jenen
Stellen die tiefe Abneigung, sich in seinem eigenen Leiden
zum Gegenstande der Einmischung anderer werden zu
sehen, und wir können mit ihm fühlen, wenn er (J. 258)
sagt: es bestimme beinahe die Rangordnung, w i e t i e f
Menschen leiden können. . . . das tiefe Leiden mache vornehm, es trenne, und weiter (J. 259), was am tiefsten zwei
Menschen trenne, sei ein verschiedener Sinn und Grad der
Reinlichkeit. Das finden wir auch; aber diese ehrenwerten
Gefühle berechtigten ihn nicht, die gesamte heutige Moral,
die doch eine Sache der Entwickelung ist, nicht nur mit
ihren Schatten-, sondern auch mit ihren Lichtseiten zu verwerfen und eine neue Moral, die im Gutdünken einer
problematischen Herrenkaste ihre Grundlage hätte, und für
deren Qualität keinerlei Garantie vorhanden ist, zu verlangen!

DIE BESTIE IM MENSCHEN.

*. . . die ganzeren Menschen, was auf
jeder Stufe auch so viel mit bedeutet als:
die ganzeren Bestien.*   (J. 236.)

Mit der Gleichgültigkeit des Unterschieds zwischen
gut und böse begann Nietzsche seine Ethik »der Zukunft«;
mit der Verherrlichung des Bösen (in unserm Sinne)
und mit Verächtlichmachen des Guten (in unserm Sinne)
vollendete er sie. Zuerst verhöhnt er (J. 63 ff.) die heutigen
Freidenker, die »nur das allgemeine grüne Weideglück der
Herde mit Sicherheit, Ungefährlichkeit, Behagen, Erleich-
terung des Lebens für jedermann erstreben möchten«, deren
»Lieder und Lehren heißen: Gleichheit der Rechte und
Mitgefühl für alles Leidende«, die »das Leiden als etwas
nehmen, das man abschaffen muß.« »Wir Umgekehrten«
(wäre nicht besser: Verkehrten?), sagt er weiter, »vermeinen, daß der Mensch am kräftigsten in die Höhe ge-
schossen ist unter den umgekehrten Bedingungen, . . . wir
vermeinen, daß Härte, Gewaltsamkeit, Sklaverei, Gefahr auf
der Gasse und im Herzen, Verborgenheit, Stoicismus (wie
kommt der in diese saubere Gesellschaft?), Versucherkunst
und Teufelei jeder Art, daß alles Böse, Furchtbare,
Tyrannische, Raubtier- und Schlangenhafte am Menschen
so gut zur Erhöhung der Species Mensch dient als sein
Gegensatz: — wir sagen sogar nicht einmal genug, wenn

wir so viel sagen« u. s. w. Dies ist sehr charakteristisch;
im gleichen Satze werden das Schlechte und das Gute (in
unserm Sinne) gleichgestellt, sofort aber andeutungsweise
das Schlechte über das Gute gesetzt. (Man vergleiche, was
oben S. 18 u. 33 f. über den Verbrecher nach Nietzsche gesagt ist und weiter unten noch gesagt werden wird.)

Daſs, subjektiv genommen, das Böse u. s. w. zur
Erhöhung des Menschen diene, dies anzunehmen, ist ja einfach Tollheit. Vielleicht aber haben allerdings, objektiv
genommen, Härte, Gewalttätigkeit, Sklaverei, Teufelei u. s. w.,
die von bestienhaften Menschen gegen wahre Menschen
ausgeübt wurden, bewirkt, daſs diese sich ermannten und
sich jener erwehrten. Das ist aber nicht das Verdienst
der Bestialität, sondern des Widerstandes gegen sie. Die
Bestienmenschen beabsichtigten etwas ganz anderes, wenn
auch nach Nietzsche die Unabsichtlichkeit den wahren Wert
ihres Treibens bestimmt haben würde.

So geht denn Nietzsche immer entschiedener von der
Gleichgültigkeit der moralischen und immoralischen Handlungen zur Verherrlichung der letzteren über! Die »Liebe
zum Nächsten«, die doch das Einzige ist, was auf dieser
Erde das Leben erträglich macht, neben der Kunst und
Wissenschaft und der Religion im vernünftigern Sinne
dasjenige, was dieses Leben veredelt und verschönert, diese
Liebe zum Nächsten ist nach Nietzsche (J. 132 f.) »immer
etwas Nebensächliches und Willkürlich-Scheinbares (was heiſst
das?) im Verhältnis zur Furcht vor dem Nächsten«.
Diese letztere, d. h. die Furcht des Schwächern vor dem
Stärkern, also die Barbarei, soll es sein, »welche wieder
neue Perspektiven der moralischen Wertschätzung schafft«,
d. h. die bisher geltenden Begriffe von gut und böse um-
kehrt, dem Bösen in unserm Sinne die Herrschaft zu-

wendet. »Gewisse starke und gefährliche Triebe«, fährt
Nietzsche fort, »wie Unternehmungslust, Tollkühnheit, Rach-
sucht, Verschlagenheit, Raubgier, Herrschsucht, die bisher
(d. h. in früherer, barbarischer Zeit) in einem gemein-
nützigen Sinne nicht nur — unter anderen Namen — geehrt, sondern großgezogen werden mußten, weil man ihrer
in der Gefahr des Ganzen gegen dessen Feinde bedurfte,
werden nunmehr (d. h. in unserer, der civilisierten Zeit) in
ihrer Gefährlichkeit doppelt stark empfunden und schritt-
weise, als unmoralisch, gebrandmarkt und der Verleumdung (!) preisgegeben. Jetzt kommen die gegensätzlichen
Triebe und Neigungen zu moralischen Ehren; der Herden-
instinkt zieht, Schritt für Schritt, seine Folgerung« u. s. w.*).

Wem hieraus nicht klar wird, daß Nietzsche in mora-
lischer Beziehung barbarische Zeiten zurückwünscht, und
daß überhaupt seine »aufsermoralische« Periode nur eine
Wiederherstellung der »vormoralischen« wäre, den zu
belehren müssen wir freilich verzichten.

Dies wird noch deutlicher da, wo Nietzsche sagt
(J. 235 ff.), jede Erhöhung des Typus »Mensch« sei bisher
das Werk einer aristokratischen Gesellschaft gewesen, und
so werde es immer sein, und gleich auf der nächsten
Seite erklärt: »Die vornehme Kaste war im Anfang immer
die Barbarenkaste: ihr Übergewicht lag nicht vorerst in der
physischen Kraft (doch!!), sondern in der seelischen (?), —
es waren die ganzeren Menschen, was auf jeder Stufe (also
auch auf der höchsten!) auch so viel mit bedeutet als die

---

*) Wir mußten hier und anderswo die langatmigen Perioden
Nietzsches etwas abkürzen, haben jedoch sorgfältig vermieden,
hierdurch den Sinn im geringsten zu verändern. Es war deshalb notwendig, Nietzsches Parenthesen wegzulassen, da wir in
solche unsere Bemerkungen einschließen.

ganzeren Bestien (!!!).« Dieses rohe Wort ist ein Lieblings.
ausdruck in den Schriften des im Leben doch bekanntlich feinen und höflichen Nietzsche! Und der Gebrauch
dieses Wortes ist ein vollgültiger Beweis, daſs er mit seinen
socialen Idealen nichts im Sinne der Kultur Gutes, nichts
Humanes meinen konnte. Denn er stellt der »Bestie«
nichts entgegen! Er verwirft vielmehr den Gegensatz
der Bestialität, die Humanität, wie wir noch sehen
werden.

Nietzsche nennt in seiner phantastischen, in dieser
Art nie dagewesenen Urgeschichte niemals bestimmte
Zeiten; bezieht er sich auch oft auf frühere Perioden, so
kann doch jeder denkende Leser deutlich daraus entnehmen, daſs er diese Zeiten sehnlichst zurückwünschte.
So, wenn er weiter ausführt (GM. 37 ff.), die Guten nach
seinem Sinne, d. h. die Vornehmen, Mächtigen, Herrschenden, seien für jene, die sie nur als Feinde kennen lernten,
auch nur böse Feinde gewesen; sie, unter sich die rück-
sichtsvollsten, treuesten Freunde, hätten sich nach auſsen,
gegen Feinde, nicht viel besser als losgelassene
Raubtiere gezeigt, — Mord, Brand, Schändung, Fol-
terung so leicht verübt wie etwa Studentenstreiche u. s. w.,
und dann hinzufügt: »Die vornehmen Rassen sind es, welche
den Begriff Barbar auf all den Spuren hinterlassen haben,
wo sie gegangen sind; noch aus ihrer höchsten Kultur
(man beachte dies!) heraus verrät sich ein Bewuſstsein
davon und ein Stolz (!) selbst darauf.« Nietzsche rühmt
weiter »diese Kühnheit vornehmer Rassen, ... ihre Gleichgültigkeit und Verachtung gegen Sicherheit, Leib, Leben,
Behagen, ihre entsetzliche Heiterkeit und Tiefe der Lust
in allem Zerstören, in allen Wollüsten des Sieges und der
Grausamkeit« u. s. w. Aus jedem Wort spricht das Wohl-

gefallen am Inhalte deutlich genug! Aus keiner Silbe aber ein Abscheu davor!

In der Angabe, wen er mit diesen so wohlgefällig geschilderten und auch nicht mit einem Wörtchen getadelten »vornehmen Barbaren« meint, ist sich Nietzsche durchaus nicht klar. An einer der angeführten Stellen nennt er ausdrücklich die Goten und Vandalen. Gleich darauf erweitert er jenen Begriff auf die Germanen der Völkerwanderung, die er zweimal als die »blonden Bestien« bezeichnet und behauptet, das Entsetzen, das ihr Wüten in Europa verbreitete, habe immer noch einen Nachklang in dem »tiefen eisigen Mißtrauen, das der Deutsche erregt, sobald er zur Macht kommt, auch jetzt wieder«. Eine Seite vorher aber erweitert er die »blonde Bestie« außer den Germanen auch auf homerische Helden, die wohl nur teilweise, sowie auf den Adel der Japaner und Araber, die niemals blond waren. Das Auffallendste ist aber, daß er alle Greuel der Völkerwanderung auf seine Stammesgenossen, die Germanen, häuft, deren »Wüten« von dem der asiatischen, keineswegs vornehmen Hunnen um das hundertfache übertroffen und großenteils ihnen, den Germanen, fälschlich zugeschrieben wurde. Warum nun nannte Nietzsche die Hunnen nicht? Weil es ihm nicht in den Kram paßte! Weil er sich hätte schämen müssen, diese erzplebejischen, schmutzigen, schiefäugigen Mongolen für vornehm auszugeben*). Weil mit ihnen seine Vermengung der Begriffe »Barbar« und »vornehm« zusammenbräche. Weil er hätte gestehen müssen, daß es unter den

---

*) Das Nämliche gilt natürlich auch von den mongolischen Horden Dschingischans und Timurlenks, deren Züge durch Totengebeine, Schädelpyramiden und verwüstetes Land bezeichnet waren.

Gemeinen weit mehr Barbarei gab als unter den Vornehmen, ja eigentlich nur unter jenen allein, wenn man
»vornehm« nicht als Standes-, sondern als Seeleneigenschaft
auffaſst. Weil es schlieſslich darauf hinaus gekommen wäre,
daſs »Barbar« und »vornehm«, weit entfernt zusammen-
zufallen, vielmehr unvereinbare Begriffe sind! Wer hat
denn die früheren Christen-, die späteren Judenhetzen, die
Inquisition, die Hexenprozesse und die Schreckenszeit der
französischen Revolution in Scene gesetzt, — die Vornehmen
im wahren Sinne oder der Pöbel? Man sieht leicht, daſs
Nietzsche gerade die, welche er erheben will, auf das
schmählichste als Barbaren verleumdet!

Damit man ja nicht im unklaren bleibe, was Nietzsche
anstrebte, erklärt er sich (J. 237 f.) dahin, sobald man das
Prinzip, sich gegenseitig der Verletzung, der Gewalt, der
Ausbeutung zu enthalten, seinen Willen dem des andern
gleich zu setzen, als G r u n d p r i n z i p d e r G e s e l l s c h a f t
nehmen wollte, so würde es sich sofort erweisen als Wille zur
V e r n e i n u n g des Lebens, als Auflösungs- und Verfalls-
prinzip. Denn »Leben selbst ist«, sagt er, »w e s e n t l i c h
Aneignung, Verletzung, Überwältigung des Fremden und
Schwächeren, Unterdrückung, Härte, Aufzwängung eigener
Formen, Einverleibung und mindestens, mildestens Ausbeutung«. Diesen Worten sei, fügt er hinzu, von alters her eine
verleumderische (!) Absicht eingeprägt. Also die armen Aus-
beuter sind verleumdet worden! Wie sie doch zu beklagen
sind! »Die ‚Ausbeutung‘,« fährt er fort, »gehört nicht einer
verderbten oder unvollkommenen und primitiven Gesellschaft
an; sie gehört ins W e s e n des Lebendigen, als organische
Grundfunktion; sie ist eine Folge des Willens zur Macht,
der eben der Wille des Lebens ist.« Wucherer und andere
Menschenschinder mögen Nietzsche eine Lorbeerkrone

widmen. ›Ach, er meint es ja nicht so,‹ hören wir flöten.
Ja, wie denn, ihr Zarathustra-Musikanten? . . .

›An sich,‹ sagt Nietzsche an anderer Stelle (GM. 84 f.),
›kann natürlich (?) ein Verletzen, Vergewaltigen, Ausbeuten, Vernichten nichts ‚Unrechtes‘ sein, insofern das
Leben essentiell, [nämlich in seinen Grundfunktionen,
verletzend, vergewaltigend, ausbeutend, vernichtend fungiert
und gar nicht gedacht werden kann ohne diesen Charakter‹;
denn ›vom höchsten biologischen Standpunkte aus dürfen
Rechtszustände immer nur Ausnahmezustände sein‹.

Nietzsche spielt hier mit Worten, um sein Ideal der
Härte und Grausamkeit zu beschönigen. Was geht es uns
denn an, daſs in der Natur das Leben jenen Charakter
hat? Es handelt sich hier doch um die menschliche
Gesellschaft. Wozu sind wir denn denkende
Wesen, wenn wir nicht die Natur verbessern, leiten,
lenken und unsern Verstand dazu anwenden, zu bewirken,
daſs innerhalb der Menschheit das Leben einen besseren
und edleren Charakter erhält als in der blind waltenden
Natur? Schon der Ausdruck ›Ausbeutung‹ zeigt aber,
daſs Nietzsche seinen Begriff vom Leben nicht auf die
Natur beschränkt, sondern auf die Menschheit ausdehnen
möchte; denn Ausbeutung giebt es nur unter Menschen,
und zwar unter menschenfeindlichen Menschen!

Nach diesen Ausführungen kann es denn nicht mehr
zweifelhaft sein, daſs da, wo Nietzsche von der Grausamkeit spricht, es sich im Grunde um deren Verherrlichung
handelt. ›Fast alles,‹ sagt er (J. 186 f.), ›was wir ‚höhere
Kultur‘ nennen, beruht auf der Vergeistigung und Ver-
tiefung der Grausamkeit.‹ Um dies zu beweisen, wirft
er alles Mögliche zusammen, wirkliche und bloſs bildlich so
zu nennende Grausamkeit, nämlich Gladiatoren- und Tier-

kämpfe, Scheiterhaufen und Stiergefechte, mit der doch
gewiſs nicht als Grausamkeit empfundenen Wirkung der
Tragödie und anderer geistiger Schöpfungen! Den Gipfel
aber erreicht jene Verherrlichung der Grausamkeit, wenn
Nietzsche, nachdem er (GM. 70 ff.) jene wirklichen und
angeblichen Grausamkeiten wiederholt hat, mit sichtlichem
Wohlbehagen die Sentenz aufstellt: ›Leiden sehen tut wohl,
Leiden machen noch wohler — das ist ein harter Satz, aber
ein alter mächtiger menschlich-allzumenschlicher Hauptsatz.‹
Nachdem er die Affen (!) als Beispiel angeführt, schlieſst
er: ›Ohne Grausamkeit kein Fest: so lehrt es die älteste,
längste Geschichte des Menschen — und auch an der Strafe
ist so viel Festliches!‹ Und auf derselben Seite (72):
›Damals, als die Menschheit sich ihrer Grausamkeit noch
nicht schämte (!), war das Leben heiterer (!) auf Erden,
als jetzt, wo es Pessimisten giebt.‹ Die Freude an der
Grausamkeit soll wohl gar Optimismus sein! Wie schade,
daſs jene heiteren Zeiten vorüber sind! Da spricht doch
das Bedauern aus jedem Worte!

Wollte man etwa jenen menschenfeindlichen Satz vom
Leidensehen und Leidenmachen nur auf eine barbarische
Vergangenheit beziehen, so fällt diese Annahme mit der
ganz allgemein gehaltenen, in die Form der gegenwärtigen Zeit gebrachten Aufstellung jenes Satzes
dahin. Es stimmt dies genau mit der vorher erwähnten
Lobeserhebung auf Härte und Barbarentum überein, die ja
nach Nietzsches Ansicht vornehm sein sollen, obschon sie
in Wahrheit pöbelhaft sind. Nietzsche sagt auch nirgends
mit einem einzigen Worte, daſs die von ihm so wohlgefällig betrachtete Roheit und Grausamkeit sich nur auf
ältere Zeiten beziehe und nicht auf neuere anwendbar sei,
und ebensowenig, daſs er eine Milderung oder gar Auf-

hebung jenes barbarischen Treibens für die Zukunft erhoffe!
Im Gegenteil! Ausdrücklich erklärt er (GM. 87), die
»Opferung« der Menschheit als Masse zum »Gedeihen einer
einzelnen stärkeren Species« wäre ein F o r t s c h r i t t,
womit er sich doch gewiſs auf die Zukunft bezieht, und
O p f e r u n g ist sicherlich keine m i l d e Vornahme! Überall
kann er auch nicht genug die humanen Anschauungen und
Sitten der Gegenwart als Schwäche und Verweichlichung
verspotten (davon weiter hinten mehr). Und doch ist unsere
Zeit mit ihrem Aufschwung im Kriegswesen (so wenig wir
d i e s e s als Kulturfortschritt betrachten) und in allerlei
Sport weit w e n i g e r schwach und verweichlicht als andere
Zeiten, z. B. die des römischen Kaiserreichs kurz vor
dessen Ende und des 18. Jahrhunderts vor der französischen
Revolution!

Es waltet übrigens ein bedeutender Unterschied zwischen
den einzelnen Erscheinungen, die Nietzsche als Grausamkeit zusammenwirft. Der Scheiterhaufen und die Guillotine
z. B., die doch vorzugsweise dem Pöbel gefielen, hatten
nicht das Leiden, sondern die Vernichtung religiöser und
politischer Gegner zum Zwecke. Die angebliche geistige
Grausamkeit in Tragödie (auch in Roman und Legende)
hat doch einen ganz andern Charakter als die körperliche
und will nicht leiden machen, sondern im Gegenteil Wohlgefallen erregen, und man würde sie nicht genieſsen, wenn
man sie als Grausamkeit empfände!

Eine andere Art von »Grausamkeit« bekämpft freilich
Nietzsche (GM. 106 ff.), nämlich die religiöse Selbst-
quälerei, weil er ja überhaupt jede Religion bekämpft, und
hier braucht er auch ausnahmsweise das Wort »Bestie«
(und »Bestialität«) im tadelnden, statt im lobenden Sinne.
Da auch wir diese Sache verwerfen, wenn uns auch das

7 *

von Nietzsche dabei verwendete Pathos überflüssig scheint, weil die Beteiligten nur Genuſs dabei empfinden, gehen wir darüber hinweg und führen bloſs Nietzsches Schluſssatz an: ›Im Menschen ist so viel Entsetzliches . . . Die Erde war zu lange schon ein Irrenhaus.‹ Hätte Nietzsche die erste Hälfte dieses Doppelsatzes früher richtig und wahr empfunden, so würde die zweite Hälfte nicht auf ihn selbst Anwendung gefunden haben!

Wer noch daran zweifelt, daſs für Nietzsche die Grausamkeit und Bestialität von Seite Höherstehender gegenüber Geringeren einen löblichen Charakter hat, erbaue sich an folgendem Satze (J. 127): ›Man miſsversteht das Raubtier und den Raubmenschen, z. B. C e s a r e B o r g i a, gründlich, man miſsversteht die ,Natur‘, so lange man nach einer ,Krankhaftigkeit‘ im Grunde dieser gesündesten aller tropischen Untiere (Borgia tropisch!) und Gewächse sucht, oder gar nach einer ihnen eingeborenen ,Hölle‘ —: wie es bisher fast alle Moralisten getan haben.‹ Borgia, dieses Scheusal, dieser vielfache Mörder und Giftmischer, dieser Sohn des schlechtesten Papstes, — g e s u n d ? ? ? *). Soweit kann die Versessenheit auf Begriffsverwirrungen gehen! Und dann noch die Verteidigung der Verehrung dieses Unmenschen (Gd. 85 f.)! Nietzsche nahm es nämlich sehr übel, daſs man ihn getadelt hatte, Cesare Borgia als ›höheren Menschen‹, als eine Art Ü b e r m e n s c h hinzustellen. Er muſs ihn also wirklich als solchen betrachtet haben. Und da ein Recensent ihm vorwarf, er beantrage mit ›J. v. G. u. B.‹ die Abschaffung aller anständigen Gefühle, hatte er darauf keine andere Antwort als ›sehr

---

*) Man lese doch über diesen Menschen die Geschichte nach! Wir können sie hier nicht einmal im Umrisse geben, so wenig Raum hätten wir für seine Schandtaten!

verbunden«. Von einer Widerlegung des Vorwurfs keine
Spur! Im Gegenteil! Nietzsche sagt a. a. O.: »Zweifeln
wir nicht daran, daſs wir Modernen mit unserer dick-
wattierten Humanität, die durchaus an keinen Stein sich
stoſsen will, den Zeitgenossen Cesare Borgias eine Komödie
zum Todlachen abgeben würden.« Aus dieser Wortwahl
geht doch klar hervor: Nietzsche findet die Entrüstung
über das Treiben von Unmenschen zum Todlachen!
Sind das etwa »anständige Gefühle«?

HERREN- UND SKLAVENMORAL.

»Die beiden entgegengesetzten Werte ,gut und schlecht', ,gut und böse' haben einen furchtbaren, Jahrtausende langen Kampf auf Erden gekämpft.«

(GM. 50.)

»Ein Volk ist der Umschweif der Natur, um zu 6, 7 grofsen Männern zu kommen.«   *(J. 102.)*

Die hauptsächlichste Behauptung Nietzsches auf dem Gebiete der Moral ist die: »Es giebt Herrenmoral und Sklavenmoral.« Er fügt jedoch sofort hinzu, dafs in allen höheren und gemischteren Kulturen auch Versuche der Vermittelung beider Moralen zum Vorschein kommen, noch öfter das Durcheinander derselben und gegenseitige Mifsverstehen, ja bisweilen ihr hartes Nebeneinander sogar im selben Menschen, innerhalb einer Seele (J. 239 ff., GM. 23 ff., 50 ff.). Mit dieser Beschränkung fällt die ganze Behauptung zusammen. Denn die niederen und ungemischteren Kulturen kennen überhaupt keine Moral in unserem Sinne; ihre moralischen Begriffe richten sich nur nach dem Gesichtspunkte des Ichs; für ljeden einzelnen ist gut, was ihm vorteilhaft, und böse, was ihm nachteilig ist. Will uns etwa Nietzsche diese Moral der unkultiviertesten Stämme beliebt machen und die Rückkehr zu ihren Zuständen em-

pfehlen? Es scheint gerade so; denn wenn er selbst zugiebt, daſs in allen höheren und gemischteren Kulturen
Herren- und Sklavenmoral sich bis zur Unkenntlichkeit ver-
mischen, so heiſst das offenbar, daſs dieser Unterschied in
den Kulturen, zu denen die unsrige gehört, gar nicht
existiert und daſs diese Kulturen daher nicht nach seinem
Geschmacke sind, was er übrigens wiederholt ausdrücklich
erklärt. Eine Moral, wie sie sein Ideal ist, eine solche
nämlich, bei der ›die Herrschenden es sind, die den Begriff
‚gut‘ bestimmen‹, einen Begriff, der ›als das Auszeichnende
und die Rangordnung Bestimmende empfunden werde‹, ist
gar keine Moral; denn sie beruht nicht auf Grundsätzen,
sondern bloſs auf Willkür. Wenn ›gut‹ soviel bedeutet
wie vornehm und sein Gegensatz ›schlecht‹ soviel wie verächtlich, und wenn als verächtlich näher bezeichnet wird
der Feige, der Ängstliche, der Kleinliche, der an die enge
Nützlichkeit Denkende, der Miſstrauische, der sich Er-
niedrigende, ›die Hundeart von Mensch‹, die sich miſs-
handeln läſst, der bettelnde Schmeichler, vor allem der
Lügner*), so ist das durchaus keine Frage der Moral;
denn alle schwereren Verletzungen der Moral, wie Mord,
Raub, Diebstahl, Schändung, Brandstiftung u. s. w., gehören
ja (wie oben S. 94 gezeigt) zu den ›Tugenden‹ der
›Herren‹! Auch abgesehen davon läſst sich eine Unterscheidung, wie die von Nietzsche hier aufgestellte, bei
keinem Volke und in keiner Zeit nachweisen. Bei un-
kultivierten Völkern giebt es wohl Standesunterschiede,
aber keine Moralunterschiede. Wenn auch die Herrschenden sich alles erlauben gegenüber den Beherrschten, wenn

---

*) Man vergleiche dazu (oben S. 76 f.) die Verherrlichung
der Lüge!

sie auch sich selbst als gut und letztere als schlecht betrachten, so ist dies durchaus nicht im moralischen Sinne
zu verstehen, sondern nur im Sinne der Selbstüberschätzung
und der Verachtung des niederen Volkes, also nur als
Standesbewußtsein. Und die Unterdrückten in den Reichen
der Unkultur haben ebensowenig moralische Grundsätze als
ihre Unterdrücker. Auch sie glauben, daß ihnen gegenüber diesen alles erlaubt sei: Haß, Neid, Aufruhr, Empörung und im Falle des Erfolges Rache und Grausamkeit.
Beide stimmen darin überein: was ich tue, ist gut, auch
wenn es andere schädigt; was andere mir zuwider tun, ist
schlecht oder böse. Die ›feine‹ Unterscheidung Nietzsches
zwischen diesen beiden Begriffen existiert in Wahrheit nicht.

›Es liegt auf der Hand‹, behauptet Nietzsche, ›daß
die moralischen Wertbezeichnungen überall zuerst auf
M e n s c h e n und erst abgeleitet und spät auf H a n d -
l u n g e n gelegt worden sind.‹ Das liegt g a r n i c h t auf
der Hand! Die Benennungen der Menschen, der einzelnen
wie der Gruppen, sind, so weit wir es verfolgen können,
von persönlichen Eigenschaften abgeleitet worden, und zwar
von physischen oder solchen, die ihren Wohnort oder Rang
bezeichneten. Moralische Wertbezeichnungen als solche von
Menschengruppen sind schlechterdings unbekannt. ›Die
vornehme Art Mensch‹, fährt er fort, ›fühlt s i c h als wert-
bestimmend, sie hat nicht nötig, sich gutheißen zu lassen,
sie urteilt: ‚was mir schädlich ist, das ist an sich schädlich‘;
sie weiß sich als das, was überhaupt erst Ehre den Dingen
verleiht, sie ist werteschaffend‹. Eine reine Phantasie!
Eine solche Werteschaffung durch eine ›vornehme Art
Mensch‹ läßt sich nirgends nachweisen. Bekannt ist
lediglich, daß die Menschen überall, wo sie eine geistige
Entwickelung durchgemacht haben, nach und nach von den

unvollkommenen Moralbegriffen einer Schätzung der Handlungen nach dem Nutzen oder Schaden des Einzelnen
zu einer Schätzung derselben nach der Rücksicht auf das
allgemeine Wohl vorgeschritten sind. Das ist die
einzige Moralgeschichte. Es gab nicht eine vormoralische,
giebt nicht eine moralische und wird nicht eine aufsermoralische Periode geben. Es giebt nur Kulturstufen, auf
denen die Menschen nach und nach von geringerer zu
höherer Kultur und damit auch von schlechterer zu besserer
Moral vorschreiten. Auf tiefen Kulturstufen sind die Mächtigen und Herrschenden meist ebensolche Spitzbuben und
Lumpen wie die Gemeinen, also keineswegs »vornehm«;
auf höheren Stufen sind die für gemein gehaltenen Leute
oft edler als die adligsten Herren. Eine fortlaufende Reihe
stolzer und harter vornehmer Kasten, wie sie Nietzsche
erfindet, ist eine lächerliche Fabelei, die sich schlechterdings
auf keine Quellen berufen kann und für die auch Nietzsche
selbst keine Quellen anführt, weil es keine giebt.

Das Gleiche gilt denn auch von Nietzsches ganzer
moralgeschichtlicher Legende, die er seinen Lesern auf-
tischt und die auch seine Anbeter ihm aufs Wort glauben,
die Legende nämlich, dafs »gut« ursprünglich die Moral
der Herrschenden bezeichnet habe, gleichviel was sie trieben,
dafs dieselben die Moral der Beherrschten als »schlecht«
bezeichneten, dafs dann die letzteren, mittels eines von
Nietzsche aus der Luft gegriffenen sogenannten »Sklaven-
aufstandes in der Moral«, die sie bedrückenden Herren als
»böse« und sich selbst als »gut« erklärt hätten. Dieses
ganze Märchen ist absolut wertlos; nicht die mindeste
Quelle ist zu seinen Gunsten aufzufinden. Nietzsches Herrenmoral ist nichts als die willkürliche Zusammenfassung der
Anmafsungen und des Eigendünkels herrschender Kasten,

die durchaus kein Moralsystem aufstellten, sondern blofs
ihre Herrschaft zu befestigen suchten. Ein ›Sklavenauf-
stand in der Moral‹ hat niemals und nirgends statt-
gefunden. Was Nietzsche so nennt, ist einfach das Durchdringen des Bewufstseins, dafs auch Beherrschte, selbst
Sklaven, Menschen seien wie andere, das aber nicht zu
bestimmten Zeiten und an gewissen Orten, sondern nach
und nach überall stattfand. Was Nietzsche endlich Sklavenmoral nennt, ist nur eine bösartige Karikatur auf die wirkliche, mit steigender Kultur Hand in Hand gehende Moral,
die auf der Überzeugung beruht, dafs ›gut‹ nicht das
Einzelnen behagende, sondern das dem Gemeinwohl
(und damit natürlich auch dem Einzelnen) förderliche und
›böse‹ das Gegenteil davon ist, das ebensogut, nur in ver-
schärfter Form, ›schlecht‹ heifsen kann und dann schwerere
Fälle des Bösen, wie etwa ›edel‹ höhere Formen des Guten
bezeichnen mag. Wir möchten sagen, dafs die Guten in
diesem wahren Sinne allerdings eine, aber weder auf Geburt, noch Machtausübung, noch Geldbesitz beruhende
Aristokratie und die Edeln eine noch engere ›Herrschaft
der Besten‹ bilden sollten, die aber die niedriger stehenden
Menschen nicht unterdrückt oder ausbeutet, wie Nietzsche
es haben möchte, sondern mit Liebe und Güte zu sich
heranzieht, ja sogar die wirklichen Bestien von mensch-
licher Gestalt zu zähmen und zu bessern sucht. —

Es ist selbstverständlich, ist im Wesen der menschlichen Natur begründet, dafs diese, einen Bestandteil der
höhern Kultur ausmachende höhere Moral nicht auf einmal
durchdringen konnte, dafs sie vielmehr lange Zeit, dafs sie,
wie alles, eine (für Nietzsche freilich unbequeme) Entwickelung braucht. Es ist daher nur ganz natürlich,
dafs wir in der Geschichte und selbst noch in der Gegen-

wart dicht nebeneinander Überbleibsel (»Überlebsel«) älterer
geringerer oder gar noch schlechter neben neuerer und
besserer Moral antreffen. Es ist dies eine atavistische Erscheinung, welche die buntesten und mannigfaltigsten Gestalten annimmt *). Sie ist es, die Nietzsche in seiner Un-
geduld, sein Ideal einer despotischen Herrenkaste zu erleben, dazu verführt hat, wegen dieser Vermischung die
ganze heute vorkommende Moral mit allen ihren Widersprüchen in Bausch und Bogen als »Sklavenmoral« zu verwerfen und die Herstellung einer in die Urzeit hineingeträumten, in Wahrheit niemals dagewesenen »Herrenmoral« herbeizusehnen.

Ja, Nietzsche nennt die heutige Moral, ohne zwischen
ihren Licht- und Schattenseiten zu unterscheiden (J. 135 ff.),
in noch verächtlicherer Weise »Herdentiermoral« und
giebt als ihre Träger fälschlich die Demokraten, Socialisten
und »Anarchistenhunde« aus. Wir protestieren gegen diese
Zusammenstellung. Die Demokratie hat nichts mit der
Moral, sondern nur mit der Politik zu schaffen. Der
Socialismus ist eine verirrte Wirkung des immoralischen
Kapitalismus und glaubt eine Unterdrückung durch eine
andere (die Unterdrückung der Masse durch die des Einzelnen) heilen zu können. Die theoretischen Anarchisten
sind gedankenlose Schwärmer und die praktischen einfach
Verbrecher. Nietzsches Lehre ist aber selbst anarchistisch,
nur mit oligarchischer Färbung! All dies geht die berechtigte und höherstrebende Moral der Kultur
unserer Zeit nichts an.

---

*) Des Verfassers »Kulturgeschichte der jüngsten Zeit«,
S. 451 f. Leipzig 1897.

Wie hypnotisierend diese »Nietzscheade« auf ein-
seitige Anbeter gewirkt hat, dafür verweisen wir hier auf
ein Beispiel. Max Zerbst, der überhaupt das Höchst-
denkbare im Nietzsche-Kultus geleistet hat, der in seiner
Streitschrift gegen Hermann Türck*), »Nein und Ja«
(Leipzig 1892) S. 2, sagt: »Es kam eine grofse Sehnsucht
über mich . . . nach einem ‚neuen Gotte‘! . . . Ich fand
ihn in Friedrich Nietzsche,« — dieser Herr versteigt sich in
seinem Enthusiasmus so weit, auf S. 63 zu phantasieren:
»Vielleicht schaart sich um das Banner Friedrich Nietzsches
ein Häuflein ‚berufener‘ Ritter, . . . um dessen Rufe und
Winke zu folgen und für die Verwirklichung einer seiner
Lieblingsideen zu kämpfen, für die Heranzüchtung (!) einer
neuen Rasse, einer neuen Art höherer Mensch, einer ‚über
Europa (!) regierenden Kaste‘ (J. 156 u. 221), zu kämpfen
für das Emporblühen des ‚guten Europäers‘ (J. 204 ff., GM.
197 f.), in ebenso schroffem Gegensatze zu aller monar-
chischen und demokratischen Vaterländerei (J. 228 f.), wie
zum Socialismus, Anarchismus und Nihilismus.« Ein Häuflein »berufener Ritter«, — ein Häuflein Don Quijotes vielmehr,
kämpfend gegen Europas Millionenheere (sofern diese nämlich es der Mühe wert hielten, auf den Kampf einzugehen)!
Man weifs nicht, soll man lachen oder Tränen des Mitleids
mit solch bodenlosem Traum vergiefsen! Wir fürchten
(oder hoffen), bis sich jenes »Häuflein« zusammengefunden,
seine Rozinante gesattelt und den Helm Mambrins gerüstet
hat, wird Nietzsche überhaupt vergessen sein! —

Ja, in einem Punkte begrüfsen wir Nietzsches Idee
eines »neuen Europa« und des »guten Europäers«, nämlich

---

*) Worin er auf drollige Weise die Gegner Nietzsches ge-
rade durch jene Stellen, die sie am schärfsten angreifen, widerlegen zu können meint!

in d e r Richtung, daſs die arischen Nationen unseres Erd-
teils sich vereinigen, wenn auch unter Wahrung der natio-
nalen Eigenarten und Rechte, zu dem Zwecke, die Schmach
des von den ›Mächten‹ (Ohnmächten!) gehätschelten faulen
Türkentums zu vertilgen, ein arisch-freichristlich-europäisches
›Orientalisches Reich‹ zu errichten und das Mittelmeer, was
es schon unter den Römern war, wieder zu einem europäischen See zu gestalten! Ohne Häuflein von ›Rittern‹,
ohne Kaste, aber mit vereinten Kräften! Wir finden
es übrigens sehr inkonsequent von Nietzsche, sein Ideal der
Zukunft auf Europa zu beschränken. Warum erweiterte
er es nicht auf die ganze Erde, welcher er doch im
›Zarathustra‹ einen gemeinsamen Specialgott, den Übermenschen, schenken wollte? Folgerichtig hätte Nietzsche
seinen guten Europäer durch einen ›guten Kosmopoliten‹
ersetzen sollen. Es wäre ja doch höchst hart und grausam,
das ›Glück‹ der Unterdrückung durch eine kriegerische *)
Herrenkaste nur den Europäern und nicht auch den Be-
wohnern der vier übrigen Erdteile gönnen zu wollen!
Diese haben doch gewiſs das gleiche Recht, an diesem
glückseligen Zustande, den wir jetzt näher ins Auge fassen
wollen, teilzunehmen.

---

*) Nur der Kuriosität wegen erwähnen wir hier die originelle
etymologische Prokrustesarbeit, mittels deren Nietzsche (GM. 25)
aus dem Worte ›bonus‹ durch ›duonus‹ (?), duenlum (?), duellum,
bellum die ihm so schön zusagende Bedeutung ›Mann des
Zwistes, der Entzweiung (!), Kriegsmann‹ herauszuklauben sucht!
Ein Händelstifter wäre also der eigentliche Gute!!!

AUSSICHTEN IN EINE
NIETZSCHESCHE ZUKUNFT.

»Die Menschheit als Masse dem Ge-
deihen einer einzelnen stärkeren Species
Mensch geopfert, — das wäre ein Fort-
schritt . . . —«   *(GM. 87.)*

Zwar hat Nietzsche kein ausdrückliches Bild der
Zukunft, wie er sie sich wünschte, gezeichnet. Es ist jedoch nicht schwer, sich auszumalen, wie es in einer
solchen Zukunft, ihre Möglichkeit angenommen, zugehen
würde. Die Lobeserhebung der »Herrenmoral«, nach
welcher es in der Willkür der Mächtigen läge, zu bestimmen was gut sei, ohne daſs für den Inhalt dieser Be-
stimmungen irgend eine Garantie vorläge, die Verwerfung
der »Sklavenmoral«, d. h. alles dessen, was heute für gut
gilt, zugleich mit allem, was mangelhaft ist, — beides sagt
schon so viel, daſs sich das übrige leicht denken läſst.

Was also wäre die Folge, wenn eine neue Herrenkaste
nach Nietzsches und seiner Verehrer Wunsch über Europa
regieren würde? Vor allem, w e r würde diese Kaste bilden,
aus w e m würde sie bestehen, wer würde ihre Mitglieder
auswählen und aus wem? Das unterliegt nach dem schon
Gesagten keinem Zweifel. Natürlich wären ihre Mitglieder
Leute ohne Gewissen, ohne alle Skrupel, ohne Religion und
Moral (»aufsermoralische« »Übermenschen«), genuſssüchtig,

herzlos, ›lachende Löwen‹, die die Wissenschaft verachten,
alles Staatswesen verwerfen und den Rest der Menschheit
unterdrücken und ausbeuten. Nietzsche selbst nennt ausdrücklich (J. 198) die Sklaverei eine Bedingung jeder
höheren Kultur, jeder Erhöhung der Kultur. Er sagt
weiter (J. 237), eine ›gute und gesunde Aristokratie‹
nehme mit gutem Gewissen (!) ›das Opfer einer Unzahl
Menschen hin, welche um ihretwillen zu unvoll-
ständigen Menschen, zu Sklaven, zu Werkzeugen (!) herab-
gedrückt und vermindert (!) werden müssen‹, worin er
sogar (GM. 87) einen Fortschritt (!) erblickt! Das ist
doch wahrhaftig deutlich! Also nicht nur härteste
Unterdrückung, sondern geradezu (wenigstens teilweise)
gewaltsame Ausrottung! Noch drastischer ist (GM. 42) die
Vergleichung der herrschenden Oligarchen (›Aristokraten‹
zu sagen wäre eine übel angebrachte Schmeichelei) mit
Raubvögeln und des unterdrückten Volkes mit Lämmern. Mit Hohnlächeln fährt Nietzsche dann fort: wenn
sich die Lämmer über die ›bösen‹ Raubvögel beklagen, so
würden diese dazu spöttisch blicken und sagen: ›wir sind
ihnen gar nicht gram, diesen guten Lämmern, wir lieben
sie sogar: nichts ist schmackhafter als ein zartes Lamm!‹
Wirklich, eine verlockende Aussicht, besonders für Nietzsche-
Verehrerinnen! Furcht (J. 242 f., GM. 40), Härte (J. 246) und
Ausbeutung (J. 238) sind die Grundlagen der Nietzscheschen
Zukunftsordnung. Den Unglücklichen wird vielleicht hie
und da ein Bissen zugeworfen, — nicht aus Mitleid (J. 240),
sondern ›mehr aus einem Drang, den der Überfluß an
Macht erzeugt‹ (d. h. aus Laune).

Sagt auch Nietzsche (a. a. O., was seine Anhänger mit
Triumph hervorheben, ohne das vor- und nachher Stehende
zu erwähnen): ›Der vornehme Mensch ehrt in sich den

Mächtigen (nicht etwa den menschenfreundlichen!), auch den, welcher Macht über sich selbst hat, der zu reden und zu schweigen versteht, der mit Lust Strenge und Härte gegen sich übt und Ehrerbietung vor allem Strengen und Harten hat,« gleich darauf aber (aus einer nordischen Saga): »Wer jung schon kein hartes Herz hat, dem wird es niemals hart (wie schade!)«, so kommt man vor lauter Härte zu keinem befriedigenden Gefühl über jene Strenge gegen sich selbst, und diese verliert vollends allen guten Eindruck, wenn es auf nächster Seite (J. 241) heißt: »daß man nur gegen Seinesgleichen (!) Pflichten habe; daß man gegen die Wesen niedrigeren Ranges, gegen alles Fremde nach Gutdünken (!!) oder ,wie es das Herz (wenn man eines hat!) will', handeln dürfe und jedenfalls (!) ,jenseits von Gut und Böse'.« Offener eine schlechte Sache zu verfechten ist doch nicht wohl möglich!

Die Unzahl der »Sklaven« sind also zum Dienen und Ausgebeutetwerden da; ja sie haben sogar für die »Herren« zu denken; denn sie sind klüger (GM. 35) und haben mehr Geist (Gd. 68), während die Herren (GM. 28) nur Wert legen auf »eine mächtige Leiblichkeit, eine blühende, reiche, selbst überschäumende Gesundheit samt dem, was deren Erhaltung bedingt, Krieg (?)*), Abenteuer, Jagd, Tanz, Kampfspiele und alles überhaupt, was starkes, freies, frohgemutes Handeln in sich schließt«. Der Geist mit Kunst und Wissenschaft glänzt dabei durch seine Abwesenheit. Ob Nietzsche zur Aufrechthaltung der Sklaverei auch einen Sklavenhandel in Aussicht nahm? Ob er an die Niederträchtigkeit der Sklavenhändler dachte? Und ob er

---

*) Daß Krieg die Gesundheit erhalte, ist wirklich ganz neu! Und das schrieb Nietzsche, der im deutsch-französischen Kriege Lazaretgehilfe war!

nur im geringsten sich Rechenschaft ablegte, auf welche Weise und mit welchen Mitteln ungezählte Millionen freigeborener Menschen — durch eine Minderheit (!) — in den Zustand der Sklaverei gebracht werden könnten? Ebenso, auf welchen Wegen und mit welchen Mitteln die bestehenden Staaten und Regierungen zu Gunsten einer internationalen, staats- und vaterlandslosen Herrenkaste beseitigt werden könnten und wodurch diese Kaste überhaupt sich zu bilden und zu befestigen imstande wäre?

Welches würde aber, die Möglichkeit ihres Bestandes angenommen, das Ende dieser Herrlichkeit sein? In der ganzen Geschichte hat sich noch keine Oligarchie (die man auch ungenau ›Aristokratie‹ nennt) länger als eine beschränkte Zeit gehalten. Die meisten wichen, in Griechenland, Rom, in der Schweiz u. s. w., der Demokratie, einige, wie Venedig, Holland und deutsche Reichsstädte, der Monarchie, meist einer fremden. Die Oligarchie der Herrenkaste nach Nietzsche könnte daher ein verschiedenes Schicksal erleiden. Sie könnte unmittelbar der über ihre Willkürherrschaft erbitterten Sklavenkaste erliegen und also durch eine Demokratie oder Ochlokratie ersetzt werden. Sie könnte aber auch, da sie auf dem Prinzip des ›Willens zur Macht‹ beruht, folgerichtiger Weise immer enger werden, indem immer die Schwächeren den Stärkeren unterliegen, bis Einer sich als der Stärkste erwiese und die Oligarchie in eine Autokratie oder absolute Monarchie verwandelte. Dies wäre, weil das Logischere, das Wahrscheinlichere. Aber auch dieser autokratische Übermensch wäre keineswegs seiner Herrschaft auf die Dauer sicher. In dem Nietzscheschen Programm liegt so viel Härte, Willkür, Grausamkeit, Erweckung von Furcht und Schrecken und

Anreiz zur Empörung, dafs der letzte Übermensch, seine
Existenz überhaupt vorausgesetzt, ohne Zweifel einer demokratischen oder ochlokratischen Revolution zum Opfer
fallen würde. Jedenfalls müfste die kopflos gepriesene
Übermenschlichkeit ein furchtbar blutiges Ende nehmen,
was auch Nietzsche (J. 246) selbst dunkel geahnt hat.

Während aber in einer geträumten Nietzscheschen Zukunft das männliche Geschlecht nicht durchweg unterdrückt
wäre, weil ihm doch die Mitglieder der Herrenkaste ange-
hören würden, wäre dagegen das unglückliche w e i b l i c h e
Geschlecht durchweg und ohne Ausnahme der Sklaverei
verfallen. Wir sahen schon aus Zarathustra, dafs ihm
(und zwar ohne die mindeste Ausnahme) die S k l a v e n -
peitsche (oben S. 42) in Aussicht gestellt wurde. Dazu
pafst es, wenn Nietzsche (J. 245), gleichsam als Begrün-
dung dieses Standpunktes, weiter sagt: ».. . wie viel Sklave
ist z. B. jetzt noch im Weibe rückständig«, und gleich auf
der folgenden Seite: »Jede (!) aristokratische Moral ist un-
duldsam, in der Erziehung der Jugend, i n d e r V e r f ü g u n g
ü b e r d i e W e i b e r (die also blofs S a c h e n sind), in den
Ehesitten« u. s. w. Wir vermehren hier diese eines Ver-
teidigers der Barbarei (s. oben S. 94 f.) höchst würdigen
Ansichten durch folgende Blumenlese aus den hier berücksichtigten Werken Nietzsches (die zweite in diesem
Buche).

Der von so vielen Frauen und Jungfrauen ohne Gedanken und Überlegung abgöttisch verehrte Zarathustra-
Dichter unterschiebt ihrem Geschlechte sogar die Verachtung gegen sich selbst: »Die Weiber haben im Hinter-
grunde aller persönlichen Eitelkeit immer noch ihre un-
persönliche Verachtung — für ,das Weib'« (J. 96, Aph. 86).
Rein aus der Luft gegriffen und tausendmal unwahr!

›Wo nicht Liebe oder Haſs mitspielt, spielt das Weib mittelmäſsig‹ (J. 101, Aph. 115). So oberflächlich und grundlos wie möglich!

›Allen rechten Frauen geht Wissenschaft wider die Scham. Es ist ihnen dabei zu Mute, als ob man ihnen damit unter die Haut, — schlimmer noch! unter Kleid und Putz gucken wollte‹ (J. 102, Aph. 127). Um so roher, als gerade die litterarischen Kämpferinnen für Nietzsche sich mit Wissenschaft beschäftigen. Dahin gehört auch:

›Wenn ein Weib gelehrte Neigungen hat, so ist gewöhnlich etwas an ihrer Geschlechtlichkeit nicht in Ordnung‹ (J. 105, Aph. 144). Wie zart und sinnig!

›So will der Mann das Weib friedlich, — aber gerade das Weib ist wesentlich unfriedlich, gleich der Katze, so gut es sich auch auf den Anschein des Friedens eingeübt hat‹ (J. 103, Aph. 131). Sie sind also alle zanksüchtig und heuchlerisch? Sehr freundlich und — gründlich (?)!

›In der Rache und in der Liebe ist das Weib barbarischer als der Mann‹ (J. 104, Aph. 139). Hat es etwa auch schon weibliche Neronen und Caracallas gegeben?

›Das Weib hätte nicht das Genie des Putzes, wenn es nicht den Instinkt der zweiten Rolle hätte‹ (J. 105, Aph. 145). Ist jemals ein geputztes Weib so lächerlich und verächtlich wie ein Gigerl?

Die Peitsche (hier der Stock, bastone) wird wiederholt in J. 106, Aph. 147.

Die ›Götzendämmerung‹ enthält folgende Liebenswürdigkeiten:

›Das vollkommene Weib begeht Litteratur, wie es eine kleine Sünde begeht: zum Versuch, im Vorübergehen, sich umblickend, ob es jemand bemerkt und daſs es jemand bemerkt‹ (S. 3, Aph. 20). Im Angesichte der vielen

8*

fleifsigen und wackeren Schriftstellerinnen eine krasse Unwahrheit und Grobheit zugleich! (Ähnlich S. 77, Aph. 27.)
Ebenso:

›Man hält das Weib für tief — warum? weil man nie
bei ihm auf den Grund kommt. Das Weib ist noch nicht
einmal flach‹. (Was denn? S. 4, Aph. 27.) Weiter:

›Wenn das Weib männliche Tugenden hat, so ist es
zum Davonlaufen; und wenn es keine . . . hat, so läuft es
selbst davon.‹ (S. 5, Aph. 28.) Welcher Kalauer!

Diese vereinzelten Urteile sind aber alle noch nichts
gegenüber der zusammenhängenden scheufslichen Schmäh-
schrift gegen das weibliche Geschlecht in J. v. G. u. B.
191—200. Auf 10 Seiten wirft hier Nietzsche mehr
Schmutz auf das schöne Geschlecht, als jemals ein bissiger
Schriftsteller gegen seinen bittersten Feind geschleudert
hat. Wir können hier nicht alle diese Invektiven wieder-
geben und heben nur folgendes heraus (S. 191 f.): ›Das
Weib hat so viel Grund zur Scham: im Weibe ist so viel
Pedantisches, Oberflächliches, Schulmeisterliches, Kleinlich-
Anmafsliches‹ u. s. w.; es ist zu ermüdend, alles zu wieder-
holen! ›Man studiere nur seinen Verkehr mit Kindern.‹
(Hat Nietzsche diesen jemals studiert? Wir zweifeln sehr.)
Nicht genug! Nietzsche spricht den Frauen sogar die
Küche ab (S. 193 f.). Er würde also in seinem Zukunftsreiche
wohl nur Sklavenköche beschäftigen und die Frauen zum
Bodenputzen gut genug finden! In ›sieben Weibssprüch-
lein‹ (S. 195) leistet er wahre Klapphornverse, an denen
nichts bemerkenswert ist als ihre Frivolität.

Den abscheulichsten sowohl, als den für Nietzsches Zu-
kunftswünsche bezeichnendsten Ausdruck fand sein Frauen-
hafs in folgender Stelle (S. 196): ›Ein Mann, der Tiefe
hat, in seinem Geiste wie in seinen Begierden, auch jene

Tiefe des Wohlwollens (?), welche der Strenge und Härte
fähig ist und leicht mit ihnen verwechselt wird, kann über
das Weib immer nur orientalisch denken: — er mufs
das Weib als Besitz, als verschliefsbares Eigentum (!), als
etwas zur Dienstbarkeit (!) Vorbestimmtes und in ihr sich
Vollendendes fassen, — er mufs sich hierin auf die unge-
heure (?) Vernunft Asiens, auf Asiens Instinktüberlegen-
heit (?) stellen, wie dies ehemals die Griechen getan haben,
diese besten Erben und Schüler Asiens, — welche, wie bekannt, . . . mit zunehmender Kultur und Umfänglich-
keit an Kraft Schritt für Schritt auch strenger gegen
das Weib, kurz orientalischer geworden sind.«

Dachte Nietzsche auch nur einen Augenblick über die
Folgen jener zunehmenden griechischen Strenge gegen das
Weib nach? Wir zweifeln daran; denn jene Folgen waren:

Die Hetärenwirtschaft und die Päderastie!

Und wohin kam es mit der vernünftig-asiatischen Kultur
Assyriens und Ägyptens? Spurlos verschwunden!

Und wie steht es mit der Kultur der Türken, die das
Weib bis heute in die Harems einschlossen? Sie fühlt sich
zu ihrer (allerdings zweifelhaften) Rettung gezwungen, auf
allen Punkten den europäischen Sitten Eingang zu gestatten!

Die heutige Achtung der Männer vor den Frauen stellt
Nietzsche (S. 197) auf gleiche Stufe mit der Unehrerbietig-
keit vor dem Alter, die er mit Recht tadelt. Das Weib,
sagt er, verlerne den Mann zu fürchten (er ist auch oft
danach); d. h. es soll wohl in Demut vor ihm kriechen!
Indem es Fortschritt wolle, gehe es zurück; es sei Dummheit
in der Frauenbewegung (S. 198). Vergafs Nietzsche, dafs
die Männer durch ihre Kneipsucht diese Notwehr der
Frauen herbeigeführt haben? Und wie vereinbaren die
emanzipationslustigen Damen diese Haltung Nietzsches

mit ihrer kopflosen Schwärmerei für diesen haltlosen Phantasten?

Nun noch etwas! Wenn die Frauenbewegung zu verwerfen wäre, so könnte nur die E h e das Heilmittel abgeben. Wie urteilt aber Nietzsche über die Ehe in den hier behandelten Werken? Er sagt (J. 102, Aph. 123): ›Auch das Konkubinat ist korrumpiert worden durch die Ehe (!)‹. Und Gd. 91 f. verwirft er die Ehe aus Liebe und will sie nur durch den Geschlechts-, Eigentums- und Herrschaftstrieb (des Mannes natürlich) gegründet wissen! ›Die moderne Ehe (d. h. die aus Liebe) verlor ihren Sinn, — folglich schafft man sie ab.‹ So diktiert der Größenwahn! Zum Glück umsonst!

Wahrlich, man möchte glauben, Nietzsche habe in seinem Leben, was doch nicht der Fall war, n u r s c h l e c h t e W e i b e r und unglückliche Ehen kennen gelernt! Er hat aber vielmehr in den achtbarsten Kreisen verkehrt und ist durch die Freundschaft der geistreichsten, ehrenwertesten und liebenswürdigsten Damen geehrt worden. Daß er ihnen im Leben höflichst und freundlichst begegnete, ist bekannt; daß er ihnen Briefe von demselben Charakter schrieb (die in den Schriften seiner Verehrerinnen gedruckt stehen), ebenfalls. Was soll man aber von einem Manne denken, der unter vier Augen oder zwei Federn alle Liebenswürdigkeit gegen Damen aufwandte, deren Geschlecht er gleichzeitig in seinen von T a u s e n d e n gelesenen Büchern (ohne Ausnahmen zuzugeben!) mit dem empörendsten und unbegründetsten Schimpf überschüttete? Da ist es denn doch das denkbar Mildeste, wenn wir bereits vorhandene partielle oder temporäre Geistesstörung annehmen!

ZUR APOLOGIE DES VERBRECHERS.

*»Der Verbrecher ist häufig genug seiner
Tat nicht gewachsen; er verkleinert und verleumdet sie.«* (J. 100, Aph. 109.)

Jenen Nietzscheanern, die in ihrer rührenden Unschuld
sich einbilden, ihr Abgott habe unter den von ihm in die
Zukunft hineingeträumten Übermenschen oder Mitgliedern
der über Europa regierenden Herrenkaste »edle Männer«
verstanden, kann nicht genug vor Augen gehalten werden,
wie Nietzsche überall, wo es nur angeht, den ungewöhn-
lichen V e r b r e c h e r verherrlichte. Wir haben schon oben
(S. 18) auf dessen Zusammenfallen mit dem Übermenschen
und (S. 33 f.) auf dessen Beschönigung im »Zarathustra« hingewiesen und dann (S. 91 ff.) die verschiedenen Beziehungen
zwischen der von Nietzsche verherrlichten Herrenrasse und
der »Bestie« hervorgehoben. In den hier behandelten drei
Werken wird nun fröhlich der Verbrecher weiter glorifiziert.
Neben dem oben angeführten Motto' findet sich (J. 100,
Aph. 110) gleich der weitere schöne Satz: »Die Advokaten
eines Verbrechers sind selten Artisten genug, um das
schöne Schreckliche (!) der Tat zu Gunsten ihres Täters
zu wenden.« Nun, H e r m a n n T ü r c k hat in dem hübschen
Buche »Der geniale Mensch« (S. 254) dieses Entzücken
über »das schöne Schreckliche« eines Mordes bereits in

köstlicher Weise persifliert. Nietzsche sagt dann weiter
(J. 134): ›Es giebt einen Punkt von krankhafter Vermür-
bung und Verzärtlichung in der Geschichte der Gesellschaft,
wo sie selbst für ihren Schädiger, den Ver brecher, Partei
nimmt, und zwar ernsthaft und ehrlich.‹ Entweder hat
sich Nietzsche hier ungescheut widersprochen, oder er zählt
sich selbst zu den ›krankhaft Vermürbten und Verzärt-
lichten‹, was sonst nicht seine Art ist. An einem andern
Orte (GM. 77 ff.) stellt er zwar das Verhältnis des Verbrechers zur Gesellschaft annähernd richtig dar, rühmt aber
gleich darauf (ebd. 82), dafs ›zu allen Zeiten der aggressive
Mensch (d. h. der Verbrecher oder Friedensstörer) als der
Stärkere, Mutigere, Vornehmere (!) auch das f r e i e r e Auge,
das b e s s e r e Gewissen auf seiner Seite gehabt‹ habe.

Das Beste folgt aber Gd. 97 ff., wo es heifst: ›Der
Verbrechertypus, das ist der Typus des starken Menschen
(den ja Nietzsche überall mit Wohlgefallen dem schwachen
gegenüberstellt) unter ungünstigen Bedingungen, ein krank
gemachter starker Mensch. Ihm fehlt die Wildnis, eine gewisse freiere und gefährlichere Natur und Daseinsform, in
der alles, was Waffe und Wehr im Instinkt des starken
Menschen ist, z u R e c h t b e s t e h t (!). Seine T u g e n d e n (!)
sind von der Gesellschaft in Bann getan; seine lebhaftesten
Triebe, die er mitgebracht hat, verwachsen alsbald mit den
niederdrückenden Affekten, mit dem Verdacht, der Furcht,
der Unehre‹ . . . ›Die Gesellschaft ist es, unsere zahme,
mittelmäfsige, verschnittene Gesellschaft, in der ein natur-
wüchsiger Mensch (!), der vom Gebirge her oder von den
Abenteuern des Meeres kommt, notwendig (?) zum Verbrecher entartet.‹ Doch Nietzsche schränkt sich sofort
ein, indem er als Ausnahme N a p o l e o n anführt, der
umgekehrt sich stärker erwies als die Gesellschaft. Er

rechnet also denselben Napoleon unter die Verbrecher, den
er (ebd. 96) als den Erben einer stärkeren, längeren, älteren
Civilisation (als die französische war, nämlich der italienischen) feierte, den er (GM. 53) eine »Synthesis von Un-
mensch und Übermensch« und zugleich »das fleischgewordene
Problem des vornehmen Ideals an sich« nannte und
dessen Erscheinen (J. 130 f.) eine Wohltat, eine Erlösung
von unerträglichem Druck, dessen Geschichte diejenige des
höheren Glücks dieses Jahrhunderts gewesen sein soll!

Wir sind gewiß weit entfernt, zu leugnen, daß auch
in dem schwersten Verbrecher immer noch ein besseres,
menschlicheres Element zu entdecken ist und daß in den
meisten Fällen die schlechten Einrichtungen der Gesellschaft, die Pflege des Kapitalismus, das Überwiegen des
dogmatischen über den moralischen Unterricht, die Heuchelei
im geselligen Leben dazu beitragen, das Verbrechen zu
züchten, jedoch keineswegs den urwüchsigen Menschen
notwendig zum Verbrecher machen! Aber von dieser
Anerkennung ist ein weiter, ein extremer Schritt zur Beschönigung des Verbrechers, zu seiner Erhebung als
»starker Mensch unter ungünstigen Bedingungen«, und
gar als Übermensch! Wir glauben, daß die genannten
schlechten Einrichtungen und Gewohnheiten der Gesellschaft (die aber nicht durch Predigten, sondern durch die
Schule und die geistige Entwickelung der Menschheit zu
beseitigen sind) ¡sich mit der schmutzigsten, gemeinsten
und elendesten Habgier und Genußsucht verbinden, um
Taten herbeizuführen, die von der mitschuldigen Gesellschaft zum Zwecke ihrer Selbsterhaltung mit Strafe belegt
werden müssen. Die Verbrecher sind meist, vielleicht fast
immer, keine starken, sondern vielmehr schwache, einer
verlockenden Versuchung unterliegende Menschen, erbärm-

liche Geschöpfe. Doch ist nicht zu vergessen, daſs wir an
keinem Abschlusse, wie Nietzsche meistens wähnt, sondern
mitten in einer Entwickelung von unvollkommeneren zu
vollkommeneren Zuständen, wie in allen Dingen, so auch im
Strafrechte, stehen.

NIETZSCHES RELIGION.

»Das Christentum ist eine Metaphysik
des Henkers.«   *(Gd. 40.)*

Der fanatische und aufdringliche Atheismus der
Schriften Nietzsches ist von uns bereits (oben S. 8 ff.)
gewürdigt worden. »Warum heute Atheismus?« fragt
Nietzsche (J. 77 f.), und antwortet darauf: in Gott sei der
»Vater«, der »Richter«, der »Belohner« gründlich widerlegt. Wo, wann und von wem? Unbekannt! Solche Be-
zeichnungen kann man glauben oder nicht glauben, so oder
anders verstehen; widerlegen kann man sie nicht. Nietzsche
hofft (GM. 104) auf den vollkommenen und endgültigen
Sieg des Atheismus, damit die Menschheit von dem Gefühl,
Schulden gegen die Welturache zu haben, erlöst werde.
Dieses Gefühl gehört aber lediglich dem Glauben an einen
dogmatischen und zugleich anthropomorphen (menschen-
ähnlichen) Gott an und nicht der Annahme eines not-
wendigen Weltdenkers. Zwischen diesem und dem Erden-
menschen ist, bei der Wahrscheinlichkeit zahlloser Weltkörper mit denkenden Wesen, kein persönliches Verhältnis
anzunehmen. Den Menschen aber, die das Bedürfnis eines
solchen haben, den Kindermenschen, soll man ihren
persönlichen Gott, der sie glücklich macht, lassen. Die
Kindermenschen bleiben ja ihr Lebenlang Kinder, und

Kindern läfst man ja auch das Christkindlein, das Dorn-
röschen, den Storch und andere Kindergeschichten. Warum
soll es nicht zugleich Menschen mit weit auseinanderliegen-
den, zahllosen und verschiedenen Gesichtskreisen geben?
Das Aufgeben des Anthropomorphismus im Gottesglauben
oder vielmehr Gotteswissen ist kein Atheismus; erst der
Materialismus ist ein solcher. Jeder Idealismus, auch unser
Realidealismus, hat ein Recht, als Anerkennung des Gött-
lichen betrachtet zu werden.

Nietzsche nennt den an einen ›heiligen Gott‹ glauben-
den Menschen (GM. 107) eine ›wahnsinnige, traurige Bestie‹,
und fügt bei: ›welche Bestialität der Idee bricht
sofort heraus, wenn sie nur ein wenig verhindert wird,
Bestie der Tat zu sein!‹ Welcher Taten? Etwa derjenigen, in welchen Nietzsches ›blonde Bestien‹ schwelgten?
Oder kennt Nietzsches Menagerie verschiedenartige Bestien?
Wohl möglich!

Ganz recht hat Nietzsche, wenn er (GM. 196) den
Atheismus als Beseitigung des Ideals bezeichnet. Wenn er
aber diese Behauptung sofort dadurch einschränkt, dafs er
im Atheismus noch einen Rest von Ideal, nämlich den
Willen zur Wahrheit, erblickt, der sich die Lüge im Glauben
an Gott verbiete, so gerät er in eine Zwickmühle; denn in
zahlreichen Stellen hat er (s. oben S. 71 ff.) den Willen zur
Wahrheit verworfen; folglich sind wir berechtigt, seinen
Willen zur Wahrheit auch in Beseitigung dieser angeblichen
Lüge zu bestreiten und zu finden, dafs er auch seinen
Atheismus nicht als wahr empfunden haben könne. Der
Atheismus ist eine Behauptung ohne Inhalt, weil er blofs
aus einer Verneinung besteht; er kann daher weder Wahrheit enthalten, noch überhaupt ein Prinzip sein; eine Ne-
gation ist kein Prinzip! Nietzsche schliefst seine atheistischen

Expektorationen (Gd. 41) mit den Worten: »Der Begriff ‚Gott‘ war bisher der gröfste Einwand gegen das Dasein ... (!) Wir leugnen Gott, wir leugnen die Verantwortlichkeit in Gott: damit erst erlösen wir die Welt.« — Als ob durch dieses wilde Geschrei irgend etwas anders würde! Die Welt will nicht von Gott erlöst sein, blofs weil ein mit sich und ihr zerfallener Unglücklicher dies verlangt. Er mag toben wie er will, deshalb bleibt doch alles im alten oder geht im alten Schritt vorwärts. —

Wie Nietzsche mit seinem Atheismus blofs den anthropomorphen Gott trifft, dem aber überhaupt nur die Kindermenschen huldigen, die Nietzsche nicht lesen, so geht seine Wut auf das Christentum nur die orthodoxeste Form desselben an, ja auch diese nicht in allem. Es giebt aber ein kritisches Christentum, dem die Zukunft gehört und dem Nietzsche nichts anhaben kann, da er es durchaus nicht kennt. Nietzsche verwechselt die enge kirchliche Auffassung des Mittelalters mit dem Christentum überhaupt. Er sagt (J. 70 f.): »Der christliche Glaube ist von Anbeginn Opferung: Opferung aller Freiheit, alles Stolzes, aller Selbstgewifsheit des Geistes; zugleich Verknechtung und Selbstverhöhnung, Selbstverstümmelung.« Recht zahlreiche weltliche, sogar manche geistliche Kreise des Mittelalters würden sich mit dieser Definition nicht einverstanden erklärt haben; die deutschen Kaiser, die Ritter, die Troubadours und Minnesinger, die Steinmetzen und andere Zünfte der Städte, dann die sogenannten Ketzer, sogar unter den Orden die Benediktiner und die Franziskaner würden sich gegen diese Zulagen verwahrt haben, und mit Recht!

Und so fährt Nietzsche fort, gegen die extremste klerikal-orthodoxe Richtung, die seine Werke doch nicht

liest, gegenüber seinen aufgeklärten Lesern, die dies gar
nicht nötig haben, anzukämpfen, indem er ihr den Namen
›Christentum‹ giebt, wohl in der Hoffnung, hiermit dieses
in seinem ganzen Umfange unmöglich zu machen. Zu
diesem Zwecke erfindet er auch eine eigene Religions-
und Kirchengeschichte, von der bis auf ihn niemand
etwas gewußt hat. Er verflicht sie natürlich mit seiner
ebenso frei erfundenen Moralgeschichte. Die Juden sollen
es gewesen sein (GM. 28 f.), die das meiste gegen die
›Vornehmen, Gewaltigen, Herren und Machthaber‹ getan,
welche diesen Herren die Bezeichnung ›gut‹ gestohlen und
darunter fortan, statt ›vornehm, mächtig, schön, glücklich,
gottgeliebt (?)‹ gerade das Gegenteil, nämlich die Elenden,
Armen, Ohnmächtigen, Niedrigen, sowie unter den Frommen
die Leidenden, Entbehrenden, Kranken, Häßlichen (!) verstanden haben, während sie die bisherigen ›Guten‹ als die
Bösen, Grausamen, Lüsternen, Unersättlichen, Gottlosen
bezeichneten und als die Unseligen, Verfluchten und Ver-
dammten erklärten. Damit soll der angebliche ›Sklaven-
aufstand in der Moral‹ (oben S. 105 f.) begonnen haben; eine
Quelle dafür nennt Nietzsche natürlich nicht, weil es keine
giebt. Ja noch mehr! Damit habe, behauptet er (ebd. 30 f.),
Israel eine lange vorbereitete Rache verbunden, indem es
Christum, als Werkzeug seiner Rache, verleugnete und
kreuzigte, ›damit alle Welt, nämlich alle Gegner Israels,
. . . an diesen Köder anbeißen konnten‹. Etwas Verrück-
teres ist wohl niemals in die Luft hinaus behauptet worden.
Und das Resultat dieses angeblichen Racheunternehmens?
Judäa erhob sich (GM. 50 ff.) gegen Rom, Judäa siegte
über Rom, und heute verehrt man ›in Rom und fast auf
der halben Erde drei Juden und eine Jüdin‹ (Christus,
Petrus, Paulus und Maria — als Witz nicht übel). Also: die

Juden haben Rom besiegt, damit eine Religion triumphiere, die sie selbst abgelehnt, deren Stifter sie selbst ans Kreuz geschlagen hatten! Und wer bei den Juden soll diese selbstmörderische Rache erfunden, wer sie beschlossen und wer sie ausgeführt haben? Darüber schweigt Nietzsche.

Nun, und nachdem das Christentum (auf Antrieb der Juden!) gesiegt, was geschah dann? Da — zähmte man die »blonde Bestie« (Gd. 43 f.); die christlichen Priester machten Jagd auf sie, »verbesserten« sie und verführten sie ins Kloster. Der Germane »war zum Sünder geworden, er stak im Käfig, man hatte ihn zwischen lauter schreckliche Begriffe eingesperrt, und da lag er, krank, kümmerlich, gegen sich selbst böswillig, voller Haß gegen die Antriebe zum Leben, voller Verdacht gegen alles, was noch stark und glücklich war. Kurz, ein ‚Christ' u. s. w.« Die »Bestie« war schwach geworden, die Kirche verdarb den Menschen . . .

Der Roman wäre nicht schlecht, wenn der Dichter nicht die Fortsetzung vergessen, wenn er nicht abgebrochen und weiter erzählt hätte, daß diese »verdorbenen« Germanen nach Herzenslust weiter Fehden führten wie vorher, so daß man sie ihnen (umsonst!) über den Sonntag verbieten mußte, daß sie gegen die Päpste Kriege führten, Kirchen und Klöster verbrannten, Mönche und Nonnen verjagten, Bischöfe und Ketzerrichter totschlugen, in den Kirchen Narren- und Eselsfeste feierten, an den gotischen Domen obscöne und kirchenfeindliche Skulpturen anbrachten, daß sie sich mit Saufen, Raufen, Tanzen und Maskenlaufen erlustigten, in überheizten Badestuben Männlein und Weiblein zusammen badeten, Freudenhäuser errichteten, unterhielten und mit Privilegien begabten. Daß sie nebenbei noch Juden hetzten, Ketzer und Hexen verbrannten, war

auch kein Zeichen von Schwäche und Zahmheit! Ach,
warum ist diese hübsche Fortsetzung weggeblieben? Jedenfalls hat also der Christ, mit Ausnahme eines Teiles der
Mönchs- und Nonnenorden, die »Welt« n i c h t verachtet.
Trotzdem sagt Nietzsche (Gd. 82): »Aber auch wenn der
Christ die ‚W e l t‘ verurteilt, verleumdet, beschmutzt, so
tut er es aus dem gleichen Instinkte, aus dem der socia-
listische Arbeiter die G e s e l l s c h a f t verurteilt, verleumdet,
beschmutzt.« Zwischen Christ und Anarchist sei kein
eigentlicher Unterschied, führt er dabei aus. Es ist auch,
fügen wir bei, zwischen Nietzsches Lehre und dem Anarchismus kein anderer Unterschied, als dafs jene die Gesetz-
losigkeit als Vorrecht der Machthaber, dieser aber als
Recht aller betrachtet.

Die durch den »Sieg« Judäas »verdorbene« römische
Welt feiert aber eine Auferstehung in der sogenannten
R e n a i s s a n c e. Nietzsche ist ganz begeistert für diese
Bewegung, und zwar so sehr, dafs er, wie schon angedeutet,
sogar ein Subjekt wie Cesare Borgia, nur weil es damals
lebte, feierte, obschon es sich um das Wiederaufleben der
Wissenschaften gar nicht bekümmerte. Nietzsche fabelt
aber (im »Antichrist«), jener Borgia wäre im Begriffe gewesen, Papst zu werden, — wovon niemals die Rede
war*), — L u t h e r aber (der in Rom weilte, als jener
Mensch bereits vier Jahre tot war), Luther, dieser »unbe-
scheidenste Bauer«, dieser »Rüpel«, den die »gute Etikette«
der (von Nietzsche so arg bekämpften) Kirche verdrofs
(GM. 179), habe jenes teufelsmäfsig-göttliche Schauspiel
vereitelt! Welche Anhäufung von Anachronismen in e i n e m

---

*) Alois R i e h l, Fr. Nietzsche, der Künstler und der
Denker, S. 127 f. Stuttgart 1897.

Satze! Luther trat ja erst in Wittenberg gegen Mifs-
bräuche der Kirche, noch nicht einmal gegen diese selbst
und noch weniger gegen die Renaissance auf. »Dank jener
gründlich pöbelhaften Ressentimentsbewegung, welche man
die Reformation nennt«, sagt Nietzsche (GM. 52), habe
Judäa neuerdings triumphiert, und die »Kirche« (deren
gute Etikette Nietzsche doch rühmte) sei »wiederhergestellt«
worden und damit auch die alte Grabesruhe des klassischen
Rom.

Also die Reformation soll die Renaissance untergraben haben! Gut, sehen wir zu! Eine wirkliche Renaissance gab es nur in Italien und Deutschland. In Italien
kam es bekanntlich zu keiner Reformation. In Deutschland aber waren die Dichter Hans Sachs und Fischart, die
Maler Dürer, Holbein und Cranach Protestanten, die ganze
holländische Schule ebenfalls; von den Humanisten bereitete
Erasmus, obschon er katholisch blieb, durch seine scharfen
Satiren auf den Klerus die Reformation vor, Ulrich
von Hutten trat auf deren Seite, und Luthers Nachfolger
Melanchthon belebte den Humanismus aufs neue. Wo bleibt
also die Wahrheit jener Behauptung?

Höchst merkwürdig ist Nietzsches Verhalten gegenüber
der Bibel. Er, der doch bekanntlich an keines ihrer
Dogmen oder Wunder glaubt, rühmt Luthers (den er
anderswo »Rüpel« nennt) Bibelübersetzung (J. 216) als das
beste deutsche Buch, gegen das gehalten alles übrige nur (!)
»Litteratur« sei. Er rühmt weiter (J. 249 f.) »die Art, mit
der im ganzen bisher die Ehrfurcht vor der Bibel in Europa
aufrecht erhalten wird«, als »das beste Stück Zucht und
Verfeinerung der Sitte, das Europa dem (von Nietzsche
stets geschmähten) Christentum verdankt«. Man traut
seinen Augen nicht! Wie reimen sich Bibel und Atheismus?

Dieser Widerspruch läßt sich nur dadurch erklären, daß Nietzsche sich dachte, seine ›Herren‹, die selbst nichts glauben, sollten ihren ›Sklaven‹ die Bibel auferlegen, damit diese nicht allzu klug würden. Dafür spricht, daß er (J. 85 f.) sagt, der Philosoph (so nennt er hier seinen Despoten der Zukunft, obschon ja der Unterdrückte mehr Geist hat, oben S. 112) werde sich ›der Religionen zu seinem Züchtungs- und Erziehungswerke bedienen, wie er sich der jeweiligen politischen und wirtschaftlichen Zustände bedienen‹ werde. Ferner, daß er (J. 199) behauptet, ›ein Weib ohne Frömmigkeit wäre für einen tiefen und gottlosen (!) Mann etwas vollkommen Widriges oder Lächerliches‹. Nietzsche verlangt also von anderen, was er selbst nicht hat! Er will, daß seine Herren von den Sklaven die Religion verlangen, die s i e nicht haben! Das pflanzt nur H e u c h e l e i. Die Sklaven, die doch die Klügeren sind, würden ihre Herren bald durchschauen. Sie würden auch bald erkennen, was an der ihnen auferlegten, aufgezwungenen Religion Wahrheit und was daran Erfindung ist. Sie würden die ihnen natürlich verbotenen Werke Nietzsches heimlich lesen und dann wissen, wie viel Uhr es geschlagen hat. Und da Nietzsche (J. 86) vorschlägt, den kräftigeren Teil der Beherrschten durch die Religion (an die doch die Herren nicht glauben) zum einstmaligen Eintritt in die Herrenkaste vorzubereiten, so würde ja die ganze Heuchelei dieser Anordnung an den Tag kommen, sobald jener Eintritt stattfände, oder noch vorher.

Was aber die Frauen betrifft, so sind allerdings die m e i s t e n von ihnen Kindermenschen, und das macht sie so reizend. Aber man darf sie nicht dazu z w i n g e n, es zu sein. Viele Frauen sind vollkommen befähigt, mehr oder weniger freien Geistes zu sein und der Frömmigkeit

nicht zu bedürfen. Warum soll diese Frauen der frei-
denkende Mann nicht achten?

Auch das Verhältnis der beiden Testamente, wie es
Nietzsche auffaßt, ist sehr charakteristisch für ihn. Er
findet, im Alten Testament gebe es (J. 77, GM. 177 ff.)
»Menschen, Dinge und Reden in einem so großen Stile,
daß das griechische und indische Schriftentum ihm nichts
zur Seite zu stellen hat.« Begreiflich, sind ja viele der
alttestamentlichen Helden ähnlich denen, die Nietzsche mit
Vorliebe »Bestien« nennt. »Der Geschmack am Alten
Testament,« fährt er fort, »ist ein Prüfstein in Hinsicht auf
‚Groß‘ und ‚Klein‘ — (von Seelengröße ahnte er nichts)
. . . im Neuen Testament ist viel von dem rechten zärt-
lichen, dumpfen Betbrüder- und Kleinenseelen-Geruch« u. s. w.
Viele, auch Freidenker, werden sich erlauben, anderer Meinung zu sein. Zusammenfassend meint Nietzsche, beide
Testamente »zusammengeleimt« zu haben, sei »die größte
Verwegenheit und Sünde wider den Geist«. Da hat er
nicht so sehr unrecht, aber in anderm Sinne, als wir es
finden. Endlich ruft er (Gd. 44 ff.): »Wie armselig ist das
Neue Testament gegen Manu, wie schlecht riecht es!«
Daran knüpft er eine Lobeserhebung auf die durch das
Gesetzbuch des Manu geordnete brahmanische Kasten-
verfassung, begeistert sich für diese »mildere und ver-
nünftigere Art Mensch«, diese »gesündere, höhere, weitere
Welt«, in welcher der Tschandala*) weder Getreide,
noch Feuer und Wasser erhält, sich nicht waschen darf, bei
Geburten keinen Beistand findet, zu Kleidern nur die Lumpen
von Leichnamen, zum Geschirr zerbrochene Töpfe u. s. w.

---

*) Die niedrigste Pariakaste in Indien, Kinder von Brah-
manentöchtern und Sudras (Dienern).

haben soll, — wozu er dann selbst beifügt, daß ›mörderische
Seuchen, scheußliche Geschlechtskrankheiten‹ die Folge
jener Schweinewirtschaft sind! Darin sei, faselt er, die
arische Humanität (!) ganz rein, es sei die notwendige
Konsequenz des Begriffs Züchtung; es gebe kein anderes
Mittel, den niederen Menschen schwach, als ihn krank zu
machen!*) Das Christentum sei so eine Tschandalarache,
die anti-arische Religion par excellence, der Aufstand alles
Niedergetretenen, Elenden, Mißratenen! Kann man dies
ohne Entrüstung lesen? Begreift man nun, warum nach
Nietzsche die Teufelei den Typus Mensch erhöhen soll
(oben S. 91 f.)? Kann die Unterdrückung den Menschen
erhöhen? Wird sie nicht vielmehr zur Rache reizen?
Nietzsche fühlte es ja selbst und redete ihr d o c h das
Wort! Ist das nicht Verblendung? Es ist aber durchaus
unrichtig, daß das Christentum eine anti-arische Religion
sei. Es hat vielmehr so viel arische Wurzeln als semitische.
Einen großen Teil seines Inhaltes hat es aus der griechischen
Philosophie, den griechischen Mysterien, den persischen und
indischen Religionen geschöpft, und seine Urkunden sind
griechisch. Nur die Gegend seiner Entstehung und seine
Gründer sind semitisch, aber keineswegs rein**).

Nietzsche würde es lebhaft begrüßen, wenn in Europa
die Unglücklichen auch so empörend behandelt würden wie
in Indien. Er wirft dem Buddhismus und Christentum
(J. 88 f.) vor, für die Leidenden Partei zu nehmen und

---

*) Es ist kaum zweifelhaft, daß ohne diese abscheuliche
Mißhandlung die Tschandalas sich ebenso gut zu rechten
Menschen erheben könnten wie die dünkelhaften Brahmanen
selbst!
**) Des Verfassers Schrift: Das Christentum und der Fort-
schritt. Zur Versöhnung von Religion und Forschung, S. 13 ff.
Leipzig 1892.

hierdurch den Typus »Mensch« auf einer niedrigen Stufe festzuhalten, zu viel von dem zu erhalten, was zu Grunde gehen sollte (vgl. oben S. 57 f., bei Zarathustras Geboten). Er beschuldigt die christlichen Geistlichen insbesondere, durch ihre wohltätigen Anstalten an der Erhaltung alles Kranken und Leidenden, d. h. »in Tat und Wahrheit an der Verschlechterung der europäischen Rasse, gearbeitet« und damit »alle Wertschätzungen auf den Kopf gestellt« zu haben. »Wer nicht nur,« sagt er weiter (GM. 148 f.), »seine Nase zum Riechen hat, sondern auch seine Augen und Ohren, der spürt fast überall, wohin er heute auch nur tritt, etwas wie Irrenhaus-, wie Krankenhausluft ... Die Krankhaften sind des Menschen große Gefahr: nicht die Bösen, nicht die ‚Raubtiere‘. Die von vornherein Verunglückten, Niedergeworfenen, Zerbrochenen — sie sind es, die Schwächsten sind es, welche am meisten das Leben unter Menschen unterminieren, welche unser Vertrauen zum Leben, zum Menschen, zu uns am gefährlichsten vergiften und in Frage stellen.« Endlich (Gd. 87): »Da hilft man sich gegenseitig, da ist jeder bis zu einem gewissen Grade Kranker und jeder Krankenwärter. Das heißt dann ‚Tugend‘ —: unter Menschen, die das Leben noch anders kannten, voller, verschwenderischer, überströmender, hätte man's anders genannt, ‚Feigheit‘ vielleicht, ‚Erbärmlichkeit‘, ‚Altweibermoral‘ . . . Unsere Milderung der Sitten — das ist mein Satz, das ist, wenn man will, meine Neuerung — ist eine Folge des Niederganges; die Härte und Schrecklichkeit der Sitte kann umgekehrt eine Folge des Überschusses am Leben sein.«

Leider blieb Nietzsche die Antwort auf die Frage: was denn mit den Kranken geschehen solle, schuldig. Ahnte er wohl, daß er selbst Krankenhilfe in Anspruch werde

nehmen müssen? Schwerlich, sonst hätte er kaum so heftig
gegen diese geeifert. Aber eine erschütterndere Ironie des
Schicksals kann es kaum geben, als den Verteidiger einer
Vernachlässigung der Kranken, den Lobredner auf die
Härte gegen die Unglücklichen nun selbst in kranker, be-
wuſstloser, hilfsbedürftiger Lage zu wissen. Nur gut, daſs
seine Angehörigen nicht s e i n e Ansichten teilen! Wie
wäre es ihm da ergangen???

Es ist auch gar nicht einzusehen, wie man es auf dem
Standpunkte einer humanen Kultur unterlassen könnte, die
Kranken zu pflegen. Viele wünschen sich wohl selbst den
Tod oder sind eine schwere Last. Wohin käme man aber,
wenn man ihre Tötung oder auch nur Vernachlässigung
gestatten wollte? Wie lieſse sich da eine Grenze zwischen
Erlaubtem und Verbotenem ziehen? Ist da nicht die Iso-
lierung der Schwerkranken in Anstalten das Beste? Daſs
irgendwo in civilisierten Ländern eine Gefahr durch An-
steckung oder Vererbung begünstigt würde, davon ist uns
nichts bekannt, und wenn es der Fall wäre, so müſste es
allerdings verhindert werden, aber nicht durch ›immoralistische‹ Maſsregeln, sondern durch gesunde Reformen.

SCHACH DER WISSENSCHAFT!

»Nietzsche hat alles, was an wissen-
schaftliche Methode und Redeform erinnert,
je länger, je mehr abzustreifen sich bemüht.«
Hans Gallwitz
(Preuss. Jahrb. 1898).

Das zweite der hier besprochenen Bücher, die »Genealogie der Moral«, schliesst Nietzsche mit einer feierlichen
Absage an die Wissenschaft.´ Nachdem er nämlich
ganze vier Bogen hindurch den »asketischen Priester« bekämpft hat (ungefähr ebenso »zweckmäfsig« wie Don Quijote
die Windmühlen), überrascht er S. 181 den Leser mit der
Frage nach dem Gegenstücke des »asketischen Ideals«.
Man sage ihm, fährt er fort, dieses Gegenstück sei die
moderne Wissenschaft, die allein an sich selber glaube und
bisher ohne Jenseits ausgekommen sei. Damit aber, ruft
er mit triumphierender Miene, richte man bei ihm nichts
aus. Das Wort »Wissenschaft«, schimpft er, sei in den
»Mäulern« dieser »Wirklichkeitstrompeter und schlechten
Musikanten« einfach (?) eine Unzucht (!), ein Mifsbrauch,
eine Schamlosigkeit! Man erfährt freilich, wie immer,
nicht, wen er mit diesen Leuten meint; das macht aber
nichts! In seinem Unfehlbarkeitswahn erklärt er: »Gerade
das Gegenteil von dem, was hier behauptet wird, ist die
Wahrheit: die Wissenschaft hat heute schlechterdings

k e i n e n Glauben an sich, geschweige ein Ideal ü b e r
sich, — und wo sie überhaupt noch Leidenschaft, Liebe,
Glut, L e i d e n (?) ist, da ist sie nicht der Gegensatz jenes
asketischen Ideals, vielmehr d e s s e n j ü n g s t e u n d v o r -
n e h m s t e F o r m selber.« Das ist nun wieder ein echt
Nietzschesches Paradoxon, weiter nichts. Ob Nietzsche die
Wissenschaft unter die asketischen Ideale rechnet, ob er,
wie es scheint, an seine eigene Wissenschaft nicht mehr
glaubte, — ist höchst gleichgültig für die Wissenschaft;
die Hauptsache ist, daſs sie forscht, entdeckt und befruchtet.
Davon, daſs ihre Träger keinen Glauben mehr an sie haben,
ist nichts zu bemerken. Wie ernst es ihm überhaupt mit
seinen paradoxen Behauptungen ist, zeigt er gleich auf der
folgenden Seite, wo er jene allgemeine Verurteilung der
Wissenschaft bereits einschränkt und gnädigst für »seltene,
vornehme, ausgesuchte Fälle« eine Ausnahme gestattet.
Nun, mehr verlangen wir auch nicht. Wie zahlreich diese
Ausnahmen sind, darüber ist ja doch kein bindendes Urteil
möglich. Daſs die Wissenschaft für viele eine melkende
Kuh oder eine lächerliche Bagatellreiterei ist, daran zweifelt
niemand; dies trifft aber nicht die Wissenschaft als solche,
sondern nur die Überflüssigen unter ihren Jüngern. Daſs
die Arbeit vieler Gelehrten einer Askese gleichkommt, bestreiten wir nicht; aber diese Askese ist nicht ihr Ideal,
sondern nur das Mittel zum Zwecke einer Erforschung,
einer Entdeckung.

Indessen spricht Nietzsche (S. 183) selbst jene selteneren
Fälle nicht vom asketischen Ideal frei und bestreitet den
Glauben der Träger dieser Fälle, daſs sie Gegner der
Askese seien, aber mit welchen Gründen? Man staune!
Weil es nicht wahr zu sein b r a u c h e, was sie glauben!
Dieser Bocksprung erscheint jedoch lediglich als ein Vor-

wand, gegen die Vertreter der Wissenschaft, und zwar hier gegen die vornehmsten, in einer Art loszuziehen, die bereits den Verstand des Verfassers in Frage stellt. Eben deshalb, eifert er (S. 184), weil der Glaube selig mache, leugne er, Nietzsche, dafs der Glaube etwas beweise. Ist denn etwa der Glaube der grofsen Gelehrten an ihre Wissenschaft identisch mit jenem Glauben des Volkes, der selig macht? Nun wütet er darauf los und schimpft die grofsen Gelehrten, »welche die Ehre unserer Zeit ausmachen: blasse Atheisten, Antichristen, Immoralisten (all dies nennt er ja wiederholt sich selbst!), Nihilisten, Skeptiker, Ephektiker, Hektiker des Geistes.« »Das sind,« schreit er, »noch lange keine freien Geister: denn sie glauben noch an die Wahrheit...« Dann versagt ihm, wie jedem Tobenden, die Stimme; er bricht ab und erzählt eine von ihm erfundene Geschichte aus den Kreuzzügen; es ist die mit Recht berüchtigtste, empörendste und angefochtenste Stelle seiner Werke. Sie handelt von den Assassinen, die er einen »Freigeisterorden« nennt, während sie eine Mördersekte waren, was er merkwürdigerweise verschweigt, und von denen er rühmt, dafs das Geheimnis ihres obersten Grades gewesen sei:

»Nichts ist wahr, alles ist erlaubt.«
»Wohlan,« jubelt er, »das war Freiheit des Geistes (!?), damit war der Wahrheit selbst der Glaube gekündigt...«

Also die Assassinen, diese wirklichen Bestien im wahrsten Sinne des Wortes, wagte Nietzsche den grofsen Gelehrten der Gegenwart als Muster aufzustellen! Das Schlimmste aber an der Sache ist die Unwahrheit jener Erzählung. Die Mördersekte war kein Freigeisterorden; ihre Mitglieder verwarfen nur den Glauben der herrschenden Religionsform des Islam, weil sie eben eine eigene Sekte bildeten, die aber ebenfalls ihren Glauben hatte, den nämlich an die stete Wiederkehr ihres Imam, des Nachfolgers Alis, der in jedem derselben Fleisch werden sollte, und an das Paradies mit seinen Houris! Und was ihnen erlaubt, ja sogar geboten war, das war eben der Mord, also natürlich auch alle anderen Verbrechen.

Und diese Bestien gaben dem Lobredner der »blonden Bestie« den Vorwand zu dem wahnwitzigen Triumph-geschrei, daſs mit ihrem Wahlspruche der Wahrheit selbst der Glaube gekündigt sei! Nietzsche war also glücklich bei der Philosophie des Dolches angelangt! Denn ohne diese existiert jener schändliche Wahlspruch nicht.

Max Zerbst, der Anbeter des Gottes Nietzsche (oben S. 108), scheint in seiner genannten Schrift (S. 46) nach-weisen zu wollen, Nietzsche habe mit der Losung »Nichts ist wahr, alles ist erlaubt«, die Kunst gemeint, in der, wie Nietzsche (S. 188) sagt, »die Lüge sich heiligt, der Wille zur Täuschung das gute Gewissen zur Seite hat«. Das glaubt ihm aber kein Mensch; denn diese Stelle von der Kunst steht 3 bis 4 Seiten hinter jener Losung, die ausdrücklich nur mit der Wissenschaft, ohne Nennung der Kunst, in Zusammenhang gebracht ist. Die fragliche Stelle ist ohnehin nicht richtig, denn 1) giebt es Kunstwerke, die der Wahrheit durchaus oder annähernd gemäſs sind, und 2) lügt der Künstler nicht; denn er will den Beschauer oder Hörer nicht überreden, seine Dar-stellung für richtig und den wirklichen Sachverhalt für unrichtig zu halten. Will uns Böcklin etwa weismachen, daſs es Meermenschen und Kentauren gebe; wollte Goethe behaupten, daſs Nixen die Fischer ins Wasser ziehen, Wolfram von Eschenbach, daſs eine Gralburg bestehe, Canova und Thorwaldsen, daſs die Grazien existieren u. s. w.?

Glaubte etwa Aristophanes an ein Wolkenkuckucksheim? —
Oder dachte einer dieser Künstler und Dichter von ferne
daran, daß sein Publikum seine Phantasien für Wirklichkeit halte? Noch entschiedener aber fällt die Lüge weg,
wo der Künstler selbst an seine Gestaltungen glaubt, wie
z. B. Homer und Phidias an die olympischen Götter, Dante
an die Hölle, Raphael an die Madonna, Milton an den Sünden-
fall, Klopstock an die Erlösung u. s. w. Und endlich: was
in aller Welt haben die Assassinen mit der Kunst zu
schaffen?

Weil also die großen Gelehrten noch an die Wahrheit
(der erforschten wissenschaftlichen Erkenntnis) glauben, hält
sich Nietzsche, der an nichts, also auch an sich selbst nicht
mehr glaubt, für berechtigt, ihnen (S. 185) vorzuwerfen,
nichts sei ihnen fremder als Freiheit und Entfesselung (vom
Glauben an die Wahrheit). Er wirft ihnen das Verzichtleisten auf Interpretation vor, worunter er das »Vergewaltigen, Zurechtschieben, Abkürzen, Weglassen, Aus-
stopfen, Ausdichten und — Umfälschen (!)« versteht.
Was das heißen soll, und was damit bezweckt wird, ist
Rätsel. Nach und nach indessen zieht sich Nietzsche (S. 186)
mit seinem verdammenden Urteil so weit zurück, daß sich
die von ihm verworfene Wissenschaft auf die — Metaphysik beschränkt, d. h. auf die willkürliche Aufstellung
unerweisbarer philosophischer Behauptungen. Nun, soweit
hat er nicht sehr unrecht. Die Metaphysik ist nur ein
Versuch, zur Wissenschaft zu gelangen; denn jeder
Philosoph hat seine eigene; eine gemeingültige, auf Tatsachen beruhende giebt es so wenig wie eine Konfession, die
diese Eigenschaften hätte. War es denn aber erlaubt, das,
was die Metaphysik allein angeht, auf die gesamte
Wissenschaft auszudehnen und seine Opposition gegen jenen

Zweig zu einem fanatischen Wutgeschrei gegen jeden
Glauben an wissenschaftliche Forschung zu steigern, ja
daraus den wahnsinnigen Schluſs zu ziehen: »Nichts ist
wahr, alles ist erlaubt«? Nein, das wäre einem ruhig
denkenden Gelehrten unmöglich gewesen; denn der gröſste
Teil der Wissenschaft, ja, die gesamte erforschbare Wissenschaft, namentlich also die Geschichts-, Sprach- und
Naturwissenschaft, hat nackte, nüchterne Tatsachen
zur Voraussetzung und daher auch das vollste Recht, an
die Wahrheit ihrer erforschten Lehren zu glauben!
Und wenn Nietzsche hinterher (S. 192 ff.) auch gegen die
Geschichtschreibung loszieht und sie nihilistisch nennt,
weil sie nicht beweise, sondern nur beschreibe, so ist dies,
als Ausfluſs seines überall hervortretenden Mangels an jedem
historischen Sinn, absolut wertlos. Beweist er denn selbst
etwas? Keineswegs! Am Ende seiner Schriften weiſs man
so viel oder so wenig Richtiges wie am Anfange!

Damit können wir schlieſsen und als Ergebnis unserer
Kritik der verkehrten Lehren des unglücklichen Denkers
und Dichters dem seinigen gegenüber als unsern Wahlspruch aufstellen:

»Was erforscht wurde, ist wahr; was dem Ge-
     meinwohle dient, ist erlaubt.«*)

---

*) Natürlich nicht dem, was nur als Gemeinwohl aus-
gegeben wird, sondern nur dem, was die Menschen im allgemeinen glücklich macht!

NACHWORT.

»Ja, ich muß leider an einen zeitweiligen
populären Triumph dieser gewissen rück-
läufigen Instinkten bei oberflächlicher Betrach-
tung schmeichelnden Nietzscheschen Lehren
glauben, eben weil diese Lehren, in ihrer
letzten Wurzel erfaßt, absurd sind.«
(Dr. Ludw. Stein, Nietzsches Weltanschauung S. 103.)

Nun noch einige allgemeine Bemerkungen, die nicht in
eines der Kapitel dieses Buches gehören. Was mich vor
allem zu dieser Arbeit berechtigte, ist die Haltung der Anhänger Nietzsches selbst, besonders aber des einzigen unter
ihnen, der ernst genommen werden kann. Rudolf Steiner
kann dies deshalb, weil er mit beneidenswerter Offenheit
seinen Abgott nicht schönfärbt, ja nicht einmal verteidigt,
sondern gerade das 'an ihm, was wir zu bekämpfen für
unsere Pflicht hielten, mit Begeisterung hervorhebt. Wir
verlangen gar nicht mehr als folgende kostbare Zu-
geständnisse:

1. »Nietzsche ist kein Messias und Religionsstifter; er
kann deshalb sich wohl Freunde seiner Meinungen wünschen;
Bekenner seiner Lehren aber, die ihr eigenes Selbst auf-
geben, um das seinige zu finden, kann er nicht wollen. In
Nietzsches Persönlichkeit finden sich Instinkte, denen ganze
Vorstellungskreise seiner Zeitgenossen zuwider sind.« (Fr.
Nietzsche, ein Kämpfer gegen seine Zeit, S. 4.)

2. »Nietzsche ist kein ‚Denker‘ im gewöhnlichen Sinne des Wortes . . . deshalb legt er auf logische Beweisgründe für ein Urteil wenig Gewicht.« »Nicht darauf kommt es ihm an, ob sich das Urteil logisch beweisen läßt, sondern wie gut es sich unter seinem Einflusse leben läßt.« . . . »Er ist kein philosophischer Kopf.« (Ebd. S. 8 und 13.)

3. »Daß diese Sätze (‚nichts ist wahr, alles ist erlaubt . . . damit war der Wahrheit selbst der Glaube gekündigt‘) die Empfindungen einer vornehmen, einer Herrennatur zum Ausdrucke bringen, die sich die Erlaubnis, frei nach ihren e i g e n e n Gesetzen zu leben, durch keine Rücksichten auf ewige Wahrheiten und Vorschriften der Moral verkümmern lassen will, fühlen diejenigen Menschen nicht, die, ihrer Art nach, zur Unterwürfigkeit geeignet sind. Eine Persönlichkeit, wie die Nietzsches ist, verträgt auch jene Tyrannen nicht, die in der Form abstrakter Sittengebote auftreten. I c h bestimme, wie ich denke, wie ich handeln will, sagt eine solche Natur.« (Ebd. S. 15.)

Nr. 1 und 2 sprechen für sich selbst; wir brauchen hier nur Nr. 3. Und hier fragt es sich nun (was bei Steiner nicht klar gesagt ist), ob dieser Ausspruch bloß als ein genialer Geistesblitz gelten soll, oder ob er als ausführbar gedacht ist. Im ersteren Falle kann man über solche Spiegelfechterei nur lächeln; im zweiten Falle aber (den Max Zerbst, s. oben S. 108, offenbar für möglich hält) wird die Sache ernster. Nehmen wir an, daß e i n Mann so denkt und handelt (daß er nämlich a l l e i n sein Handeln zu bestimmen habe), so wird und muß er sich in der Gesellschaft unmöglich machen und im Interesse der öffentlichen Sicherheit eingesperrt werden. Sind es z w e i, vorausgesetzt, daß sie füreinander erreichbar sind, so giebt es ein Duell auf Leben und Tod, und für den Überlebenden tritt der Fall

des einzelnen ein. Drei und mehr — eine Schlägerei mit
blutigen Köpfen, — zehn und mehr — ein Scharmützel,
— hundert und mehr — ein Blutbad, — tausend und mehr —
Anarchie! Sind ihrer nun mehr als zwei, so brauchen nicht
alle den Tod zu finden und werden es auch schwerlich; aber
sie werden naturgemäfs, soweit sie am Leben bleiben, dem
Stärksten der Bande unterwürfig sein müssen. Man sieht
also, dafs die Anhänglichkeit an den schönen Grundsatz ›alles
ist erlaubt‹ nicht vor Unterwürfigkeit schützt. Im Gegenteil,
die dem Stärksten der Bande unterworfenen Nietzscheaner
werden weit mehr ›zur Unterwürfigkeit geeignet‹ sein,
als diejenigen, die ewigen Wahrheiten und Vorschriften der
Moral anhängen, oder vielmehr: jene allein werden einen
Tyrannen ertragen müssen, den die, welche ewigen Wahrheiten
und Vorschriften der Moral anhängen, nicht fühlen, weil sie
es freiwillig tun, im Interesse des Gemeinwohles!

Schliefslich kann aber auch der Stärkste der Bande
oder der ›Übermensch‹ seinem Schicksal nicht entgehen.
Wer überhaupt kann das? Kein Cäsar und Napoleon!
Wer überhaupt ist nicht irgend einer Notwendigkeit oder
wenigstens Möglichkeit unterworfen? Auch der nicht, der
sich von ewigen Wahrheiten und moralischen Vorschriften
frei macht. Da wollen wir noch am liebsten freiwillig ge-
wählten Wahrheiten und sittlichen Geboten folgen! — Nein,
meine Herren Priester des Gottes Nietzsche und des Ubermenschen, wir wollen keine Herrennaturen, wohl aber
Naturherren, d. h. Bändiger der wilden Naturtriebe
zum Zwecke Aufblühens des Gemeinwohles!

Was Nietzsche und Steiner wollen, ist dasselbe, was
schon der überspannte, von Steiner aber (S. 96 ff.) gefeierte
Max Stirner (Kaspar Schmidt, geb. 1806, † 1856) wollte,
oder wenn wir mild urteilen wollen, unabsichtlich herbei-

wünschte, — der Krieg aller gegen alle! Daſs aber
solche ›Übermenschen‹, die sich an nichts gebunden wissen
wollen als an ihr eigenes Belieben, sich von den Anarchisten (obschon sie Nietzsche ›Hunde‹ nannte, J. 136)
und den Verbrechern nicht wesentlich unterscheiden,
liegt auf der Hand.

Steiner kann lange (S. 23) behaupten, Nietzsche wolle
in seinen eigenen Meinungen nichts geben als ein Erzeugnis
seiner persönlichen Instinkte und Triebe; es ist dessen ungeachtet nicht ausgeschlossen, daſs es fanatischen und un-
gebildeten Anhängern einfällt, seine Äuſserungen in die
Wirklichkeit zu übertragen. Ja, es geschieht bekanntlich,
sogar ohne Kenntnis von Nietzsche, hier und da. Weil
aber solche Ansichten in der Verwirklichung nur Gefahren für
die Menschheit herbeiführen können, so sind sie verwerflich,
und da Nietzsche dazu beitrug, sie zu nähren, ist er leider nicht
als groſser Geist, sondern als Geistigkranker zu beurteilen.

Merkwürdigerweise ist Steiner (S. 35) in seiner Definition
des ›Übermenschen‹ bereits so tief herunter gegangen, daſs
er ihn ›den Menschen‹ nennt, ›der naturgemäſs zu
leben versteht‹. Das ist doch offenbar nicht mehr der,
der über dem Menschen so hoch steht, wie dieser über dem
Affen, ja nicht einmal mehr der ›Fernste‹ im ›Kinderland‹,
sondern ein einfacher Wasser- und Luftkurant. So wenigstens könnte man das ›naturgemäſse Leben‹ verstehen, wenn
nicht gleich dahinter stände: ›Er (Zarathustra) lehrt die
Menschen ihre Tugenden als ihre Geschöpfe betrachten; er
heiſst sie diejenigen verachten, die ihre Tugenden höher als
sich selbst achten.‹ Diese Alternative ist durchaus nicht
erschöpfend. Es giebt doch gewiſs auſser den Verbrechern,
die das erste, und den Mönchen und Nonnen, die das zweite
tun, noch andere Leute. Diese betrachten die Tugenden

weder als ihre Geschöpfe, noch als höhere Wesen, sondern als notwendige Erfordernisse und tatsächliche Resultate der Kultur, mit denen sie im Interesse dieser ein freiwilliges Bündnis eingehen. Diese Leute sind auch keine Fanatiker der Gleichheit, wie Steiner (S. 36 f.) meint, sondern Freunde der Freiheit, d. h. natürlich einer solchen, welche die Freiheit anderer nicht beeinträchtigt. Nietzsche und seine Jünger vergessen immer, daſs die Sorge für das Gemeinwohl diejenige für das Ich nicht aus-, sondern vielmehr einschlieſst.

Steiner nennt (S. 117 ff.) jeden Nicht-Nietzscheaner einen Philister und definiert diesen näher als den ›Gegensatz zu einem Menschen, der in dem freien Ausleben seiner Anlagen Befriedigung findet.‹ Wie oberflächlich! Das tun der Einbrecher und der Straſsenräuber auch; denn auch sie haben ›Anlagen‹! Es ist also nichts damit bewiesen. Vielleicht meint er, ein Philister sei einer, der nur das Ausführbare wolle. Dann brauchte sich niemand zu schämen, ein solcher zu sein. Denn wer das Nichtausführbare will, ist ein Narr! —

Wenn Steiner doch nur sagen wollte, was denn eigentlich jene wollen, die sich ›die Erlaubnis, frei, nach ihren eigenen Gesetzen zu leben, durch keine Rücksichten auf ewige Wahrheiten und Vorschriften der Moral verkümmern lassen wollen‹. Wer in aller Welt wird denn daran verhindert, so lange er nämlich mit den Strafgesetzen nicht in Konflikt kommt? Das ist für diese Herren ein recht unangenehmes Dilemma. Entweder müssen sie zugeben, daſs sie niemand daran verhindert, nach ihren eigenen Gesetzen zu leben, soweit sie die der Allgemeinheit nicht einbrechen, und dann fällt der ganze Lärm, den sie anheben, dahin. Oder sie müssen gestehen, daſs ihnen — die

Strafgesetze im Wege liegen. Dann, ja freilich — —, wir brauchen den Satz nicht zu vollenden!

Neuestens wiederholt Steiner seine Beschuldigung des Philistertums im »Magazin für Litteratur« (1898 Nr. 33), wo er Hans Gallwitz (dessen religiöse Richtung auch u n s nicht zusagt) abfertigt. Hier sagt er: »Alles, was göttlich in dem Menschen ist, wollte Fr. Nietzsche in dem Menschen erwecken, auf dafs er ein Schaffender werde, wie Gott selbst ein Schaffender ist.« (Wie? G o t t, dessen Tod doch Nietzsche-Zarathustra der Welt verkündete?) Ja, wenn das Barbarische und Bestialische göttlich ist. Ja, wenn es göttlich ist, die Frauen zu beschimpfen und das Volk zu verachten. Und was hat Nietzsche denn eigentlich g e s c h a f f e n, er, der immer vom Schaffen r e d e t e? Aufser einer Anzahl schöner Gedichte eine Unzahl unmöglicher Paradoxa und halbe Bände hindurch eine Polemik, teils gegen mittelalterliche Weltanschauung, welcher doch nur noch Betbrüder und Betschwestern, Mönche und Nonnen huldigen, teils gegen kleinbürgerliche Gesichtskreise von Herings-, Petroleum- und Schnupftabakskrämern, beides Gruppen, die keine Seite von Nietzsche lesen. Denn wer bedarf der Predigten gegen eingebildete Tugend als die Leute vom Schlage der Spezereihändler und wer derjenigen gegen Dogmen und Wunder als die Überfrommen? Aufgeklärte Kämpfer für das Gemeinwohl brauchen weder einen Zarathustra, noch die »Brücken des Übermenschen«.

Im gleichen »Magazin für Litteratur« erschien im Jahre 1898 eine sehr lehrreiche Erzählung von K u r t M a r t e n s »Aus der Décadence«, welche schildert, wie von zwei nach Nietzsches Grundsätzen lebenden jungen Männern, die nur ihr souveränes Belieben als mafsgebend betrachteten, der eine durch sein von allen Rücksichten entbundenes »modernstes«

Leben in eine so zerfahrene, verzweifelte Stimmung geriet,
daſs er kein anderes Heilmittel mehr wuſste, als alle Willens-
kraft aufzugeben und sich der ihm nur dem Namen nach
bekannten katholischen Kirche in die Arme zu werfen, wo-
bei er sich bis zum Abbeten des Rosenkranzes, zur General-
beichte bei einem beschränkten Pfarrer und zur Ablegung
des tridentinischen Credo demütigte; die gesund gebliebene
Seite seiner Natur aber riſs ihn bald aus seiner Illusion heraus und gab ihn dem freien wissenschaftlichen Leben zurück. Der andere aber, der schwächere, ruinierte sich, vom
Reichtum verführt, durch das zügelloseste Treiben in solchem
Grade, daſs er ein Fest mit schamlosesten Orgien zur Feier
seines — (freilich nur fingierten) Selbstmordes veranstaltete!

Diese vortreffliche dichterische Leistung ist leider aus
dem Leben gegriffen. Es fehlt nicht an Schriftstellern der
Gegenwart aus verschiedenen Nationen, die wir nicht mit
Namen zu nennen brauchen, die sich durch paradoxes
Treiben nach Nietzschescher Art so sehr um allen Halt gebracht haben, daſs sie in dem blendenden katholischen Kultus
ihre einzige Rettung sahen und für die unbefangene Pflege
des Schönen, wie für alle Kritik verloren gingen. Ja, wer
weiſs, ob nicht Nietzsche, wenn er nicht der Bewuſstlosig-
keit verfallen wäre, jetzt nicht in einem Kloster oder sonst
wo Buſse täte? Ob man nun im wüsten physischen
Treiben oder in bloſs geistigen Orgien seine »Anlagen frei
auslebe«, d. h. seine Kräfte verschleudere, ist am Ende
einerlei. Beides ist krank und endet krank in einer
schlimmeren »Unterwürfigkeit« als die von den Nietzsche-
Anbetern so sehr gefürchtete gegenüber den sittlichen
Folgerungen der Kulturentwickelung.

»Noch immer (heiſst es bei Steiner, Fr. Nietzsche, S. 91,
mit Bezug auf Dr. Ludwig Steins Schrift gegen Nietzsche

S. 5) ist die Durchschnittsbildung eines deutschen Professors nicht so weit, das Große einer Persönlichkeit von deren kleinen Irrtümern abzutrennen.‹ K l e i n e I r r t ü m e r? Wie, wenn es sich nun umgekehrt verhielte? Wenn das, was Nietzsches Anhänger an ihm g r o ß s nennen, gerade in seinen g r o ß e n I r r t ü m e r n bestände? Wir erlauben uns, dieser Ansicht zu sein und zu finden, daß Nietzsche gerade und vorwiegend nur in seinen Irrtümern groß ist; sonst hätten wir nicht über und gegen seine Hauptwerke geschrieben.

S t e i n e r nennt Nietzsche den ›modernsten‹ aller Geister. W i r glauben vielmehr: Nietzsche und alle seine Anhänger sind E r z r e a k t i o n ä r e! ›In Nietzsches Persönlichkeit sind diejenigen Instinkte vorherrschend, die den Menschen zu einem gebietenden, herrischen Wesen machen. Ihm gefällt alles, was Macht bekundet; ihm mißfällt alles, was Schwäche verrät.‹ (Steiner, Fr. Nietzsche, S. 13.) ›Die starke Persönlichkeit, die Ziele s c h a f f t, ist rücksichtslos in der Ausführung derselben . . . Was der Starke will, ist für ihn g u t; er führt es durch gegen alle widerstrebenden Mächte . . . ein ewiger (!) Krieg besteht zwischen den einzelnen Willensäußerungen, in dem immer der stärkere Wille über den schwächeren siegt.‹ (Ebend. S. 69 f.) Also Alleinherrschaft der Instinkte und (wie schon gesagt) ewiger Krieg aller gegen alle, — infolgedessen Unterdrückung und Ausrottung der Schwächeren! Wahrlich, diese wilden Anschauungen gehören in die Steinzeit, in das Innere Afrikas oder Australiens, aber nicht in die Kulturwelt Europas und seiner Kolonien! Nietzsche und seine Schule wollen, wenn auch vielleicht nicht durchweg absichtlich, doch f a k t i s c h die Rückkehr zur Barbarei und zum Faustrecht, zur Roheit und zur Sklaverei. Sie sind daher

ebensowohl Reaktionäre wie die Anarchisten, die wesentlich
dasselbe wollen, nur daſs sie die Sklaverei ausschlieſsen
und mit der »Tat« vorangehen, das ist der einzige Unterschied. Sie, die Nietzscheaner, sind ebensowohl Reaktionäre
wie die Socialdemokraten, die (gleich ihnen) hinter den
Staat zurückwollen, aber mit sogenannter Gleichheit, —
ebenso wie die Ultramontanen, deren äuſserste Richtung
(Civiltà Cattolica der Jesuiten) in die Zeit der Inquisition
zurück möchte — wie die Antisemiten, welche die Zeit der
Judenverfolgungen zurückwünschen, wie die Spiritisten und
Occultisten, denen als Ideal die Herrschaft des Aberglaubens
mit ihren Hexenprozessen vorschwebt (deren Berechtigung
sie zum Teil anerkennen), und wie die sogenannten
Konservativen, denen es unter dem Absolutismus und der
herrschenden Orthodoxie des 16. und 17. Jahrhunderts
(cujus regio, ejus religio) am wohlsten wäre! Ja, nicht nur
das, sondern Nietzsche ist der allerärgste Reaktionär, denn
er will am weitesten zurück in die Urzeit.

Nietzsche behauptete (GM. 87 und ähnlich J. 237), es wäre
ein Fortschritt, die Menschheit als Masse dem Gedeihen
einer einzelnen stärkeren Species Mensch zu opfern! Nein,
dreimal nein, das wäre kein Fortschritt! Das wäre ein
kolossaler Rückschritt! Alles absichtliche Opfern von
Menschen ist ein solcher, heiſse es nun Menschenopfer in
irgend welcher Form, Unterdrückung, Verfolgung, Krieg
oder auch nur Zweikampf!

Jeder Fortschritt setzt ein Bestehen, nimmer aber ein
Zerstören voraus. Verbesserung und Vervollkommnung
des Bestehenden, rastlose Reform auf allen Punkten,
wachsende Freiheit aller Bewegung, die die Freiheit
anderer nicht beeinträchtigt, — das ist Fortschritt! Revolution, Zerstörung, Blutvergieſsen, Niederreiſsen, Scheidung

in Starke und Schwache, in Herren und Sklaven, Willkür im Handeln, die eine Schädigung auch nur ermöglicht, — das alles ist R e a k t i o n, Rückschritt, Verleugnung der Kultur und des Fortschritts! Warum sollen die Schwachen nicht geduldet werden? Wie oft haben sie Starke, wie oft die Starken Schwache erzeugt! Es ist absolut u n b e r e c h e n b a r, was aus eines Menschen Nachkommen werden kann! Mit der tausendfach erwiesenen Tatsache, daſs Riesen von ganz gewöhnlichen Leuten stammen und kräftige Eltern oft schwächliche Kinder haben, fällt aller Wahn der › Z ü c h - t u n g ‹ höherer Menschen oder Übermenschen, fällt jede Berechtigung zu einer Herrschaft von Herkulessen als Schwindel dahin!

H u n d e, P f e r d e, R i n d e r und S c h a f e w e r d e n g e z ü c h t e t, M e n s c h e n w e r d e n **erzogen!**

Auch wir wollen eine A r i s t o k r a t i e, d. h. nach dem wahren Sinne (ἄϱιστοι, die Besten), was ja auch die Demokratie ist, wenn sie die r e c h t e n Häupter trifft, aber keine Oligarchie, keine Herrschaft der Starken, der Adligen oder der Reichen! Eine glückliche Auswahl der wissenschaftlich, künstlerisch und sittlich Durchgebildetsten an der Spitze eines f r e i e n, mit Liebe und Lehre herangezogenen, durch vernünftige Religion sittlich, durch sociale Reformen wohlhabend, durch sanitäre Vorrichtungen gesund und durch gute Schulen wissend gewordenen V o l k e s! — —

Das wäre Fortschritt!!!

ANHANG.

Dr. Otto Siebert, Geschichte der neueren deutschen Philosophie, S. 243 ff. Göttingen 1898.

›Nietzsches System ist ein romantischer, libertinistischer, egoistischer, aristokratischer, beziehungsweise autokratischer Anarchismus. — Das Romantische in Nietzsches Philosophie zeigt sich vor allem in seiner Schwärmerei für die wilde Urzeit. Das Grundprinzip des Lebens ist der ›Wille zur Macht‹. Das Leben der Urzeit war das rechte Leben, weil es ein ungehemmtes Trieb- und Instinktleben war. Das Schwächere wurde unterdrückt, das Fremde überwältigt, die Grausamkeit war die herrschende Gesinnung. Die Arier, jene Übermenschen der Urzeit, jene prachtvollen, nach Sieg und Beute lüstern schweifenden blonden Bestien waren ganze Menschen. Der Idealmensch ist die blonde Bestie der Urzeit, ist der Naturmensch mit seiner Zügellosigkeit und wilden Genußsucht. — Der Libertinismus der Nietzscheschen Weltanschauung offenbart sich in der Verachtung und Verwerfung alles dessen, was Religion und Sittlichkeit verlangt. Nichts ist wahr, alles ist erlaubt. Religion ist Unsinn, Gut und Böse nur flache Begriffe. Die Frage nach dem Guten ist eine Macht- und Nützlichkeitsfrage. Gut ist dasselbe wie vornehm, mächtig, schön, glücklich. Erst die Juden und nach ihnen die Christen

haben die törichte Behauptung aufgestellt, der Elende sei
der Gute, der Reiche und Starke aber der Böse. Der
wahrhaft Gute entschlägt sich der schwächlichen sogen.
Moral und geht nur seinen Trieben und Instinkten nach.
Den Geschlechtstrieb befriedigt er im Konkubinat, das
leider durch die Ehe korrumpiert ist. Leiden sehen tut
ihm wohl, leiden machen noch wohler. Mitleid, Nächstenliebe, Demut, Geduld sind nur angebliche Tugenden, {die
wahre Tugend ist die Erhebung des Willens zur Macht
durch Härte, Unterdrückung und Grausamkeit. Cäsar
Borgia, der Sohn Alexanders VI., der Mörder seines
Bruders und Schwagers und vieler anderer, dieser durch
Lüge, Meineid und Ehebruch befleckte Verbrecher, — er
ist nach Nietzsche ein Ideal, ein höherer Mensch, ein
Übermensch: schrankenlose Genußsucht, Genuß in allen
Äußerungen eines unersättlichen Lebens bis zur Vernichtung und Selbstzerstörung im Jubel zügelloser Triebe und
Begierden — das ist das höchste sittliche Ziel. — Damit
verbindet sich naturgemäß der schroffste Egoismus. Für
mich existiert nichts weiter als mein Ich, mir ist um
meinetwillen alles erlaubt. Selbstsucht gehört zum Wesen
der vornehmen Seele. Selbsterhaltung, Selbsterhöhung,
Selbsterlösung ist wahres Streben, der andere geht mich
nichts an. Der Egoismus ist natürlich und berechtigt.
Besonders seine eigene Person stellt Nietzsche stark in den
Vordergrund und gelangt somit von einem aristokratischen
zu einem autokratischen Anarchismus. Aristokratisch ist
sein Anarchismus, weil er der Lügenlosung vom Vorrecht
der meisten die furchtbare Gegenlosung vom Vorrecht der
wenigsten gegenüberstellt. Nur die an Leib und Seele
Gesunden, die starken, die echten Aristokraten werden
dereinst den höhern Typus der Menschheit ausbilden. Es

wird ein ungeheures Zugrundegehen eintreten, viele werden
fallen und umkommen, und nur wenige arbeiten sich aus
diesem Anarchismus hervor. Die Gesellschaft ist der Unter-
bau, an welchem sich eine ausgesuchte Art Wesen zu
höherem Sein emporzuheben vermag. Zu diesen gehört
natürlich ein Mann wie Nietzsche selbst; erklärt er doch
seinen Zarathustra für das tiefste Buch, das die Menschheit
besitzt. Ja, er erkennt in allem Werden der Natur nur
eine Sehnsucht derselben nach seiner eigenen Persönlichkeit.
So endigt diese Weltanschauung, im Grunde nur eine
lächerliche Utopie, mit offenbarer Selbstvergötterung.«

REGISTER.

Wahrsager 50. 60.
Weib, das 38—43. 53. 114—118.
Weltall 12 f. 62. 75 f.
Weltkörper, fremde 11 f.
»Werdet hart« 46. 58.
Widersprüche 64. 75. 76 f. 85.
»Wiederkäuen« 63.
Wiederkunft ewige 53. 81.
Willen zur Macht 49. 96. 148.
Willkür im Handeln 54. 142 f.
Wissenschaft 80. 135 ff. 139 f.
— bei Frauen 115. 130 f.
Wollust 55 f.
Wucherer 89. 96 f.

Z.

Zarathustra, altpersischer 3.
Zarathustra, Nietzsches, Charakter X. 3 f. 44 f. — Mit dem
N. T. verglichen 4 ff. — Unfähigkeit als Redner 14—17.
54 f. — Schlimme und bessere
Stellen 6 f. 48. — Unterschied
seiner Teile 44. — Unklarheit
und Traumbilder 49 ff. 52 ff.
80 f. — Seine Gäste 61—67.
— Nietzsche über ihn 80. 81.
— Steiner ebenso 144f.

Zauberer 61.
Zerbst, Dr. Max 60. 108. 138.
142.
Züchtung einer neuen Rasse
108. 150.
Zukunft, Nietzsche als Seher
der 26. 32 f. 110 ff.
Zukunfts-Phantasie 86.
Zwerg 52.

Pierer'sche Hofbuchdruckerei Stephan Geibel & Co. in Altenburg.